José Micaelson Lacerda Morais

Estado e Política Industrial

uma perspectiva institucional-evolucionária

Copyright © José Micaelson Lacerda Morais, 2021.

Revisão

Emanuelle Santana

Capa

José Micaelson Lacerda Morais

Diagramação

José Micaelson Lacerda Morais

Estado e política industrial: uma perspectiva institucional-evolucionária.
José Micaelson Lacerda Morais. *Independently Published*, 2021.

1. Economia institucional 2. Economia evolucionária 3. Política industrial 4. Estado 5. Ideologia 6. Desenvolvimento

Para meu pai,
Raimundo Elson Morais.

"Por que a propriedade da terra conferia outrora pleno poder sobre a forma dominante de empresa produtiva e, com isso, sobre a comunidade em geral? Por que, sob outras circunstâncias, se admitiu que tal autoridade, tanto sobre a empresa como sobre a sociedade em geral, deveria caber ao proprietário do capital? [...] Uma razão da questão ter sido menosprezada era que durante um longo tempo, na indagação formal, não se julgava que alguém associado à atividade econômica possuísse qualquer exercício de poder digno de menção. Na tradição econômica clássica – a de Adam Smith, David Ricardo, Thomas Malthus, John Stuart Mill e Alfred Marshall – e cada vez mais, à medida que se definiam melhor os conceitos, presumia-se como sendo pequena a empresa [...] em relação ao mercado a ser abastecido. O preço que ela recebia era impessoal e competitivamente determinado pelo mercado. O mesmo se dava com os preços pagos aos fornecedores. Os salários eram também estabelecidos pelo mercado, assim como os juros sobre fundos tomados de empréstimo. Os lucros reduziam-se a um nível competitivo. Presumia-se que a tecnologia era estável. Sob essas circunstâncias, o volume ideal de produção para a firma era externamente estabelecido pela relação de custos com o preço de mercado em vários níveis de produção. Se o homem na chefia da firma não tinha poder para influir sobre os preços, custos, salários ou juros, e se mesmo sua melhor produção era externamente determinada e seus lucros estavam sujeitos ao efeito nivelador da concorrência, podia-se naturalmente ficar despreocupado no tocante ao seu poder. Ele não tinha nenhum. Até bom número de anos [...] a Economia dos livros didáticos presumia um mundo assim de firmas pequenas e competitivas [...]

[...] Marx [...] Em meados do século passado [...] trouxe o assunto do poder à discussão na Economia, com uma veemência que o mundo não cessou ainda inteiramente de achar alarmante. Ele pôs de lado a noção de um sistema de firmas comerciais competitivas e, portanto, passivas, como se tratando de um exercício de apologética vulgar. A produção é dominada por aqueles que controlam e fornecem o capital [...] Eles dominam a sociedade e estabelecem seu tom moral. Controlam também o Estado [...] Nessa fase do desenvolvimento histórico, ele pertence inequívoca e totalmente ao capital".

John Kenneth Galbraith. O novo Estado industrial.

Sumário

1. Introdução: o Estado e o "gerenciamento político do desenvolvimento" 9
2. Por uma economia política institucionalista-evolucionária 19
3. O espaço da política econômica como uma mediação entre teoria e realidade 33
4. Fundamentos teóricos das políticas industriais 39
   4.1. A política industrial como uma instituição 45
   4.2. Escopo e objetivos da política industrial51
   4.3. A reteritorialização do desenvolvimento econômico: breve comentários sobre os anos 1990 63
5. Estudo de caso 75
   5.1. Política industrial no governo Lula 75
   5.2. A política de atração de investimentos do estado do Ceará: 1987 a 2002 83
   5.2.1. Mudanças institucionais 83
   5.2.2. Transformações políticas 84
   5.3.3. Resultados da política industrial do estado do Ceará 91
6. Notas conclusivas 101
7. Referências 107
Notas 125

1. Introdução: o Estado e o "gerenciamento político do desenvolvimento"

O ponto de partida desse livro está relacionado ao que se denomina de "gerenciamento político do desenvolvimento", e pode ser assim colocado: as instituições, sintetizadas no mercado e no Estado, definem quem, quando, onde, como e o que é objeto da relação econômica. O que implica em tratar as relações econômicas, em geral, e as trocas, em particular, sempre no contexto das instituições que as presidem. É importante ter claro que a *transformação econômica* é, necessariamente, um processo que altera e, ao mesmo tempo, sofre mudanças das várias estruturas sociais, políticas e das ideologias que lhe dão sustentação. Esse processo deve ser visto numa perspectiva evolucionária, a qual compreende a evolução relacional do homem, da tecnologia e de suas instituições. O ponto de chegada, como ficará claro ao longo do texto, diz respeito a necessidade de reconhecer que as instituições são fundamentais, mas que elas não funcionam sozinhas: seu dinamismo é indissociável das políticas (e das ideologias) as quais elas dão suporte. Logo, as instituições não devem ser vistas como algo em um plano superior as políticas públicas, como se as instituições condicionassem de forma total as políticas. Instituições e políticas públicas são complementares (e representam as ideologias a elas subjacentes, bem como atuam de acordo com elas). De forma mais ampla, pode-se considerar políticas públicas como instituições.

Nesse processo, em particular, destaca-se a atuação do Estado que não apenas muda o comportamento dos atores existentes, mas também ajuda a trazer para a sociedade atores sem os quais o processo de transformação das estruturas seria impossível. Entendendo por atores as próprias organizações e instituições da sociedade. O Estado pela sua abrangência e legitimidade, se apresenta como entidade privilegiada para o exercício de catalisação de forças através de sua atuação como coordenador, em última instância, de estratégias empresariais, como também na consolidação dos pactos necessários a concretização destas, destacando-se nesse ensaio, as potencialidades de uma integração dinâmica entre estrutura industrial e as estratégias empresariais. Dessa forma, um papel governamental mais ativista pode ser um fator decisivo para um crescimento industrial mais acelerado. A combinação incentivos/exigência de desempenho não apenas define o comportamento das atividades industriais existentes, como também permite ao Estado, dar vida a um conjunto de grupos empresariais que venha a viabilizar um projeto conjunto de transformação industrial.[1]

Considerando o Estado como a instituição central do capitalismo, até porque sem Estado não existiria capitalismo, o mesmo possui capacidade tanto de responder a, quanto moldar o curso das mudanças, pelas seguintes características:

[tem a] [...] capacidade de evitar *lock-ins* em processos instrumentalmente não eficientes, sejam estes referentes a uma institucionalização desfavorável e prematura de uma determinada tecnologia, sejam eles pertinentes à concentração dos arranjos institucionais não propriamente técnicos em certos tipos de 'solução' [...]
ao delinear e estabelecer instituições, possibilita a redução de vários custos de transação [...] o fato de o Estado **poder representar**[2] os interesses nacional e público, os quais podem constituir aspectos nucleares, em determinadas situações (STRACHMAN, 2002, p. 118).

Sendo mais enfático, a economia moderna exige o Estado para sua constituição. Ele não é nem somente "superestrutura", nem somente instrumento de apropriação de rendas de monopólio, apesar também de ser ambas as coisas. A divisão crescente do trabalho nas economias modernas exige o desenvolvimento de uma estrutura institucional[3] que dê conta do aumento da complexidade nas interações entre os agentes econômicos. Mas não é somente isso. O Estado transforma o estabelecimento de regras que regulam os direitos de propriedade e as trocas econômicas em produtos do processo de barganha política, sem relação necessária com a eficiência econômica. O Estado pressupõe assimetria de poder (oportunidade para indivíduos com maior poder de coerção de garantir regras que lhes são vantajosas). Ou seja, Estado e política não podem ser tratados separadamente. E aí, reside toda dificuldade dos economistas, pelo menos dos que não consideram outras disciplinas como fundamentais para o entendimento da relação Estado/sociedade.

Evans (2004, p. 28), por exemplo, afirma que "[...] sem o Estado, o mercado, a outra instituição-chave da sociedade moderna, não funciona [...]." Nesse sentido, a pergunta que surge imediatamente é: quais as características que os Estados assumem e como contribuem para o processo de desenvolvimento, em particular o industrial? Isto porque, para este autor, o Estado, mesmo de forma imperfeita, permanecerá no centro das soluções dos problemas da vida coletiva. Até que sejam descobertas outras maneiras menos hierarquizadas de assegurar o interesse geral sobre o particular, de prover os bens coletivos e de sustentar os processos de transação. Em outras palavras, o Estado constitui-se na representação mais abrangente das instituições e, também, na arena a partir da qual são traçados os seus limites de atuação, de associação com outras instituições e indivíduos. Como fica claro nesta proposição, a perspectiva de análise adotada pelo referido autor é de natureza institucional comparativa[4], em contraposição a uma abordagem que o próprio autor denomina de neoutilitarista.[5]

No âmbito do paradigma neoclássico, há uma generalização do *individualismo metodológico* que reduz a análise do Estado ao comportamento utilitarista dos agentes, sejam eles burocratas, empresários ou trabalhadores, tendo como consequência uma concepção que enfatiza as *falhas de governo* e a necessidade de circunscrição e de redução do papel do Estado, tanto na esfera social quanto – e de forma mais arrebatadora – na dinâmica econômica (GADELHA, 2002, p. 92).

Para Evans (1998), a economia política neoutilitarista ao tratar do Estado é tanto cínica quanto utópica. Primeiro é cínica por negar a importância prática do "espírito público". Segundo, é utópica por presumir que a "mão invisível" oferece uma alternativa fácil. E, segundo o autor, foi o seu lado utópico que lhe deu carisma e, ao mesmo tempo, também, a sobrecarregou com posições difíceis de defender, tanto logicamente quanto empiricamente. A sua visão extrema de Estado, apesar da sua elegância, tornou-se, em última análise, logicamente insustentável e a sua crença utópica no poder do mercado em reconstruir a sociedade tornou-se igualmente insustentável.[6] No entanto, foram estas preocupações neoutilitaristas com a "captura" de partes do aparato do Estado por grupos de interesse que forçaram a um reexame da pretensão do Estado em ser um agente da sociedade como um todo e transferiu o foco da atenção para as relações Estado/sociedade. No limite, a análise neoutilitarista ao excluir a possibilidade de fé ingênua em um Estado naturalmente benevolente e competente, obrigou todos a olhar mais atentamente o que os Estados faziam e por quê. Ou seja, contribuiu, de certa forma, ou mesmo pode ter sido uma pré-condição para o ressurgimento de uma política econômica institucional comparativa, como afirma Evans (1998).

Na medida em que a atratividade das versões neoutilitaristas se dissipa, na análise de Evans (1998), a tarefa de preencher o vazio com uma alternativa institucionalista torna-se mais urgente. E o ponto de partida para uma abordagem alternativa está, segundo o autor nos trabalhos de Weber e dos economistas institucionalistas, como Polanyi, Gerschenkron e Hirschman.

> [...] Polanyi oferece uma interpretação precisa sobre o grau de dependência dos mercados em relação à

ação do Estado. Weber propõe uma hipótese consistente sobre o tipo de organização interna necessária para dar aos Estados a capacidade de construir mercados e promover o crescimento. Gerschenkron e Hirschman tornam claro que as relações Estado-sociedade, especialmente aquelas que vinculam os Estados às elites empresariais, são tão importantes quanto as estruturas internas"[7] (EVANS, 1998, p. 53).

Na abordagem de Evans (2004), a estrutura interna do Estado e o caráter das relações Estado/sociedade são os dois elementos de análise que permitem entender o papel do Estado no desenvolvimento. O seu ponto de partida para análise da estrutura interna reside na hipótese weberiana sobre o papel da burocracia. Por esta visão, é a insuficiência de burocracia que prejudica o desenvolvimento e não a sua prevalência. A burocracia, ou mais genericamente o aparato organizacional do Estado, é vista pelo referido autor como um conjunto de normas e estruturas que induzem à competência.

Para Evans (2004), portanto, a questão de como a **autonomia** e a **inserção social**, em outras palavras estrutura interna do Estado e as relações Estado/sociedade, podem ser eficientemente combinadas constitui o cerne da análise do desenvolvimento, que de longe é mais complicada em termos de análise pelas posições conflitantes que surgem ao nível teórico (em relação às abordagens da economia convencional). Constatou ele que as diferenças nos tipos de intervenção dependem das várias formas que o próprio Estado assume. Tipos diferentes de estruturas geram capacidades diferenciadas de ação. Para caracterizar as diferentes formas de estrutura de Estado e das relações

Estado/sociedade, dentro de um marco institucional-comparativo, ele desenvolveu dois tipos polares historicamente idealizados, denominados de Estados predadores e Estados desenvolvimentistas. Grosso modo, assim caracterizados:

> [...] os Estados predadores conseguem, às custas da sociedade, refrear deliberadamente o processo de desenvolvimento, mesmo em sua dimensão mais estreita de acumulação de capital. Os Estados desenvolvimentistas, por sua vez, não apenas direcionam a transformação industrial, mas também, como pode ser argumentado de forma plausível, são em grande parte responsáveis pelo desenvolvimento (EVANS, 2004, p.37).

Nos Estados predadores, as relações sociais se tornam o único elo de coesão e o interesse individual tem precedente sobre a busca de objetivos coletivos. Já, a organização interna dos Estados desenvolvimentistas está assentada nas conexões entre o "povo" e o Estado, como organização que envolve um conjunto concreto de alianças sociais, e que ligam o Estado à sociedade através de canais institucionalizados para negociação contínua de objetivos e planos de ação (o que supõe uma administração burocrática moderna, semelhante à burocracia weberiana). Assim, justapor Estados 'predatórios' e 'desenvolvimentistas', segundo referido autor, permite mostrar como a organização interna e as relações com a sociedade produzem impactos desenvolvimentistas distintos. No sentido que aqueles Estados que extraem grandes excedentes de seus cidadãos para privilégios privados acabam por impedir a *transformação econômica*. De outra forma, aqueles Estados em que estimulam a perspectiva empresarial das suas elites, aumentando os incentivos e reduzindo os riscos, propiciam condições para que essas elites se comprometam com investimentos transformadores.

Como arquétipo de Estado predatório, Evans (2004), descreveu o Zaire, e como arquétipo de Estado desenvolvimentista, o Japão. Como gradações entre esses dois extremos, em relação a autonomia do Estado e da parceria com os setores de capital privado, descreve as soluções da Coréia e de Taiwan. Destaca ainda que nesses dois últimos países, o papel do Estado foi central no processo de acumulação do capital industrial: canalizando capital para investimentos de risco, induzindo decisões do empresariado, e reforçando a capacidade das empresas privadas de competir nos mercados internacionais. Em resumo, Estados eficientes combinam organização burocrática interna bem desenvolvida com relações públicas-privadas densas.

Evans, ainda, estabeleceu uma posição para enquadrar países como o Brasil e a Índia. O autor sugere que deve haver alguma semelhança da organização burocrática destes países com aquelas encontradas no leste asiático, mas não em um grau de coerência corporativa usufruída por estes últimos. Nesse sentido, o que prevalece é um equilíbrio contraditório entre autonomia e parceria que podem tomar tanto a forma de um clientelismo excessivo, quanto da incapacidade da construção de projetos conjuntos com as elites industriais: "[...] projetos conjuntos podem ser possíveis em determinados setores ou em certos períodos de tempo, mas degeneram em clientelismo ou autonomia

isolada em outros setores ou em outros períodos [...]"
(EVANS, 2004, p. 94).

Ao analisar a organização interna e as relações Estado/sociedade do Brasil e da Índia, Evans chega à seguinte conclusão:

> [...] os Estados indiano e brasileiro compartilham muitos dos mesmos problemas. Internamente, têm burocracias que não são caricaturas patrimoniais, mais ainda não contam com a coerência corporativa característica do tipo ideal desenvolvimentista [...] os Estados foram pouco seletivos nas tarefas que realizaram [...] a combinação de menor capacitação interna, ambiente externos mais difíceis e uma agenda de objetivos menos cuidadosamente definida colocaram a autonomia e a parceria, do tipo que caracteriza o Estado desenvolvimentista, fora do alcance. Pior ainda, a resultante inabilidade do Estado em efetivamente obter um bom desempenho desenvolvimentista criou uma pressão estrutural no sentido de um declínio ainda maior do papel do Estado (EVANS, 2004, p. 105).

Em resumo, as variações nas relações Estado/sociedade e na organização interna do Estado criam diferentes graus de capacidade para promover o desenvolvimento, e as consequências da intervenção do Estado, dependem de que tipo de intervenção é tentada, o tipo de Estado e o seu contexto. A própria legitimidade do Estado e de seus dirigentes depende do efetivo desenvolvimento industrial.

2. Por uma economia política institucionalista-evolucionária

O fim da Segunda Guerra Mundial presenciou a rejeição mundial da doutrina do *laissez-faire*. Nos vinte e cinco ou trinta anos seguintes, conhecidos como a Idade de Ouro do capitalismo, uma variedade de teorias econômicas intervencionistas, como a economia do bem-estar, o keynesianismo e o início da "economia do desenvolvimento", definiu a agenda do debate sobre o papel do Estado. Foram denominadas coletivamente por Chang (2002, p. 100), de Economia da Idade de Ouro (EIO): havia entre elas um amplo consenso quanto à necessidade e à conveniência de um ou outro tipo de "economia mista", ou seja, da necessidade de intervenção do Estado. Muito embora os tipos e as formas exatas de políticas recomendadas pelos vários ramos da EIO diferissem.

Os termos do debate a respeito do papel do Estado foram radicalmente alterados, a partir dos anos 1970, em consequência das mudanças econômicas e políticas geradas pela Idade de Ouro. Estes novos termos foram estabelecidos pelos economistas neoliberais, tendo como ponto central de argumentação que não se pode admitir que o Estado seja um guardião social imparcial e onipotente. Pela ótica neoliberal:

> [...] se deve encarar o Estado como uma organização
> dirigida por políticos e burocratas que buscam o
> proveito próprio, não só limitados na capacidade de
> colher informação e executar políticas, como
> também sujeitos às pressões de grupos de interesses
> [...] essa natureza imperfeita do Estado resulta em
> "falhas de governo" na forma de confisco
> regulatório, busca de vantagens, corrupção, e assim
> por diante [...] o custo dessas falhas de governo é
> tipicamente superior ao das falhas de mercado, de
> modo que em qual é melhor que o Estado não
> procure corrigir estas últimas, pois deve provocar um
> resultado ainda pior (CHANG, 2002, p. 101).

Nessa mesma linha de raciocínio, Strachman (2000), apresenta os argumentos neoliberais contrários as políticas industriais. Ele afirma que há na atualidade uma série de argumentos contrários a estas, que foram desenvolvidos a partir de novos tipos de problemas, postos não somente pelo *mainstream economics*, mas também por cientistas políticos, sociólogos, filósofos e juristas. Tais como: do Estado autônomo; de que os burocratas procuram seus próprios benefícios; dos grupos de interesses; das falhas de governo (o problema das informações e o problema da busca por renda – *rent seeking*); e dos prejuízos causados ao desenvolvimento tecnológico, devido à sua imprevisibilidade. No final, há uma concordância plena entre Strachman e Chang, já que a questão que resume estes argumentos diz respeito a capacidade e competência do Estado para a realização de intervenções que sejam potencialmente benéficas.

Este ataque revelou a fragilidade do que era considerado um robusto consenso teórico sobre a adequada linha de demarcação entre mercado e Estado. Isto porque a EIO não tinha uma clara teoria do Estado. Por exemplo, tudo que a economia do bem-estar tinha a dizer é que os mercados podiam falhar, devido a fatores tecnológicos, políticos e institucionais. Mas, a hipótese da falha de mercado pode justificar tudo, desde o Estado mínimo até a planificação socialista. O que por fim, permitiu, não sem certa dificuldade, sua absorção pelo neoliberalismo.

> [...] aceitar os instrumentos analíticos da economia neoclássica significava que os neoliberais tinham de dar um jeito de domesticar a lógica da falha de mercado que, àquela altura, tornara-se um elemento central da economia neoclássica, coisa que não tinha sido até a eclosão da guerra. Portanto, era preciso encontrar meios de assegurar que qualquer endosso à intervenção estatal se mantivesse dentro dos limites aceitáveis para a agenda neoliberal (CHANG, 2002, p. 102).

Esses meios consistiram, segundo ainda o mesmo autor, em: alegar que as falhas de mercado, embora logicamente possíveis em qualquer parte, na realidade existem em apenas algumas áreas e que, portanto, não há necessidade senão de um Estado "mínimo"; separar o discurso acadêmico "sério" da política "popular"[8]; erigir modelos capazes de chegar a conclusões de política fortemente intervencionistas, mas minimizar a sua relevância, alegando que na vida real, não se pode confiar ao Estado projetos tecnicamente difíceis e politicamente perigosos (abusos burocráticos e/ou influência dos grupos de interesse).

A crítica do referido autor ao discurso neoliberal, sobre o papel do Estado tem a ver, antes de mais nada, como ele mesmo coloca, com maneira como são conceituados mercado, Estado e instituições, e com o modelo pelo qual se teoriza as suas interrelações. Com relação ao mercado, mais especificamente ao livre mercado, este autor assim se coloca:

> [...] se quisermos decidir se um determinado mercado é "livre" ou não, precisamos nos posicionar quanto à legitimidade da estrutura direitos-obrigações fundamental para os participantes no mercado relevante (e inclusive para certos não-participantes quando existem externalidades) [...] nenhum mercado é livre, todos têm regulamentações estatais definindo quem pode participar de que mercados e em que termos. É unicamente porque certas regulamentações estatais (e os direitos e obrigações que elas apoiam ou até mesmo criam) são totalmente aceitas (pelos que fazem a observação, assim como pelos que participam do mercado) que alguns mercados parecem não ter "intervenção" nenhuma e, portanto, ser "livres" (CHANG, 2002, p. 107).

Em resumo, dependendo de que direitos e obrigações são considerados legítimos, e de que tipo de hierarquia, entre esses direitos e obrigações os membros das sociedades aceitam, seja explicita ou implicitamente, uma mesma ação estatal pode ser considerada intervenção em uma sociedade e não intervenção em outra, em um determinado período histórico. Por exemplo, em virtude do consenso político, segundo o qual a defesa é uma das funções absolutamente necessárias do Estado, o intervencionismo do governo federal norte-americano, que influenciou de forma decisiva a evolução industrial do país (programas de aquisição e contratos de pesquisa e desenvolvimento nas indústrias de computador, telecomunicações e aviação), é por muitos subestimado.

Para Chang (2002, p. 107), é necessário, na discussão sobre o papel do Estado, reconhecer a determinação política suprema da estrutura de direitos-obrigações, que serve de base às relações de mercado. Sem isso, "[...] a discussão sobre o papel do Estado continuará orientada pela ilusão de que nossas opiniões se baseiam em análises "objetivas", enquanto a dos adversários carecem delas e, portanto, são "politicamente motivadas".

Nesse sentido, a hipótese da primazia do mercado na economia neoliberal obscurece os termos da discussão do papel do Estado. Por esta visão, o Estado (assim como as outras instituições extramercado), é encarado como um sucedâneo criado pelo homem e que só surgiu quando as falhas de mercado se tornaram insustentáveis (explicação contratualista da origem do Estado). Ou seja, "no princípio, havia mercados".[9] Mas, como já demonstrado pelos historiadores econômicos, "no princípio, não havia mercados"[10]. Como informa Chang (2002, p. 112), um desses historiadores econômicos, "[...] a não ser no nível local (na satisfação das necessidades básicas) ou no nível internacional (no comércio de artigos de luxo), o mercado não era uma parte importante – e muito menos dominante – da vida econômica humana antes da ascensão do capitalismo." O surgimento dos mercados foi quase sempre articulado pelo Estado de forma deliberada, principalmente no estágio inicial do desenvolvimento capitalista.[11] E mais a frente enfatiza: "[...] persiste o fato de que todos os esforços bem-sucedidos de desenvolvimento envolveram substancial intervenção estatal."

Assim, o mercado é apenas mais uma das muitas instituições que constituem o que se denomina de economia de mercado ou, num sentido mais amplo, de capitalismo. E o capitalismo, como sistema, é constituído de uma série de instituições: os mercados como instituições de troca; as empresas como instituições de produção e o Estado como criador e regulador das instituições que regem as relações e também outras instituições informais, como a convenção social. Portanto, é necessário, além de reconhecer a determinação política suprema da estrutura de direitos-obrigações, que serve de base às relações de mercado, colocar o mercado, o Estado e as demais instituições em pé de igualdade, incorporando as instituições extramercados e não-estatais como elementos integrais e não como mero apêndices. O que só pode ser conseguido por uma perspectiva explicitamente institucionalista, como explicita Chang (2002), por meio de uma teoria que este autor denomina de "economia política institucionalista" (EPI), e que deve incorporar em seu núcleo analítico a política e as instituições. No entanto, uma tal teoria ainda se encontra em estágio embrionário e o referido autor só chega até o ponto de descrever as características teóricas centrais da EPI.[12]

Em linhas gerais, as características teóricas centrais da EPI estão relacionadas à análise do mercado, do Estado e da política. A seguir são descritos, de acordo com a síntese que o próprio Chang realiza de cada tema, estas características. Primeiro com relação à análise do mercado:

> [...] compreender o mercado requer que se leve em
> consideração uma série muito mais ampla de

instituições do que normalmente discutem os neoliberais. Ademais dos direitos de propriedade e da infraestrutura jurídica que auxiliam o seu exercício e a sua modificação, nos quais os neoliberais costumam se concentrar, também é necessário levar em conta todas as demais instituições formais e informais que definem quem pode ter que tipo de propriedade e participar de que tipo de intercâmbio, quais são os objetos legítimos de comércio, quais são as condutas aceitáveis no processo de troca e em que termos os diferentes agentes podem participar de que mercados, e assim por diante. Em outras palavras, os mercados neoliberais são demasiado subespecificados institucionalmente, e nós precisamos de uma especificação institucional mais completa deles se os quisermos compreender adequadamente [...] [Neste sentido] é necessário incluir explicitamente a política na sua análise (e não somente na do Estado) e deixar de pretender que ele [o mercado] deve ser "despolitizado" [...] a EPI adota uma abordagem "político-econômica" não só da análise do Estado, mas também do mercado (CHANG, 2002, p. 123).

Em segundo lugar, com relação à análise do Estado:

[...] Para superar as limitações da análise neoliberal do Estado, é preciso abandonar sua posição mais defensável, nomeadamente, a de que os indivíduos têm motivações (ou "preferências", na linguagem neoliberal) prefixadas, que são egoístas, e adotar uma visão mais complexa da inter-relação entre motivação, comportamento e instituições do que a manifesta no discurso neoliberal [...] A EPI propõe que, já de início, devemos aceitar que as motivações humanas são variadas e interagem entre si de modo complexo. E argumenta que as motivações individuais são basicamente formadas pelas instituições que cercam os indivíduos [...] A EPI argumenta que é possível alterar os comportamentos não só modificando as instituições que definem os incentivos para os indivíduos, mas também por mudanças ideológicas e institucionais que influenciam as próprias motivações individuais (CHANG, 2002, p. 126).

Por fim, com relação ao processo de política:

> [...] a afirmação neoliberal segundo a qual a política corrompe inevitavelmente o mercado é problemática não só porque os próprios mercados são constructos políticos, mas também porque a noção neoliberal de mercado "incorruptível" se baseia num conjunto particular de convicções políticas que não pode pretender superioridade sobre os outros. Além disso, os neoliberais não conseguem conceber a política como um processo institucionalmente estruturado no sentido mais profundo. Veem as instituições como atos políticos coercitivos, mas não atinam que elas também afetam as motivações e percepções das pessoas [...] A EPI argumenta que a política é um processo institucionalmente estruturado, não só porque as instituições plasmam as ações políticas das pessoas, dadas as suas motivações e percepções, como também porque influenciam a percepção que elas têm de seus próprios interesses, dos limites legítimos da política e dos padrões comportamentais legítimos em política (CHANG, 2002, p. 129).

Das considerações acima, destacam-se: 1) a necessidade de uma especificação institucional mais completa do mercado, incluindo explicitamente a política na sua análise, isto porque assim como o Estado, o mercado não é "despolitizado"; 2) a importância de adotar uma visão mais complexa da inter-relação entre motivação, comportamento e instituições, ou seja, aceitar que as motivações humanas são variadas e interagem entre si de modo complexo (na verdade, existe uma causação recíproca entre a motivação individual e as instituições); e 3) a necessidade de política como um processo institucionalmente estruturado, não só porque as instituições plasmam as ações políticas das pessoas, dadas as suas motivações e percepções, como também porque influenciam a percepção que elas têm de seus próprios interesses, dos limites legítimos da política e dos padrões comportamentais legítimos em política. Mas, como pode ser percebido, não é ainda uma teoria constituída, apenas fornece as pistas para formulação de um modelo alternativo para investigação do papel do mercado, Estado e instituições e suas inter-relações, com o objetivo de superação das limitações do discurso neoliberal. Em síntese, a mensagem é que é preciso ir além dos modelos mais intervencionistas dentro do molde neoliberal e desenvolver um arcabouço alternativo que tenha as instituições e a política em seu núcleo analítico.

Avançando um pouco mais no tema do Estado como criador de instituições de mercado e, do fortalecimento da sua capacidade, argumenta-se que apenas reconhecer as falhas de mercado ou de governo não é suficiente:[13] "Porque essa perspectiva, embora útil à análise da política, continua partindo do pressuposto de que o mercado é anterior ao Estado."[14] Uma teoria que pretenda rejeitar a primazia do mercado tem de ir além do argumento das falhas de mercado.

Analisando o papel do Estado na economia, Cui (2002), parte do argumento do Estado como corretor das falhas de mercado, para em seguida afirmar que a perspectiva correta para analisar o papel do Estado na economia não pode ser o das falhas de mercado, mas sim do Estado como criador de instituições de mercado. Destaca, então, neste sentido, o papel do Estado como criador de corporações, do mercado da dívida pública e financeiro. Com relação às corporações este autor destaca que:

> Contrariamente à noção convencional de que as corporações se desenvolveram autonomamente no Ocidente porque concorriam com mais eficiência no mercado, os governos as criaram para que fizessem coisas que "o empresário racional não faria porque eram demasiadamente arriscadas, excessivamente caras, pouco lucrativas ou exageradamente públicas, ou seja, para realizar tarefas que não seriam realizadas se dependessem do funcionamento eficiente dos mercados [...] O Estado não se limitou a definir o que era uma corporação e quais eram os direitos, habilitações e responsabilidades particulares que os proprietários, os gerentes, os trabalhadores, os consumidores e os cidadãos podiam exercer legalmente com relação a ela, o Estado as estabeleceu e capitalizou ativamente."[15]

Quanto ao mercado da dívida pública e financeiro, o referido autor começa com o seguinte exemplo. "O desenvolvimento histórico de Wall Street, nos Estados Unidos, ilustra vivamente que ela foi criada pelo Estado para servir sua dívida pública [...]".[16] Segundo ele, o Estado tem um importante papel no cenário internacional, que não será aqui discutido. A questão que realmente importa é: dado a importância do Estado, não a sua primazia sobre o mercado, mas a sua complementaridade, o Estado tem a capacidade de desempenhar os papéis acima colocados?

Cui (2002), responde à pergunta acima da seguinte forma: a capacidade do Estado é definida pelo seu grau de "estabilidade"[17], intimamente relacionada com uma condição política e com uma condição fiscal. A primeira, depende por sua vez de dois conjuntos de condições que têm uma relação tensa: 1) o Estado precisa ter liberdade de manobra, ou seja, precisa que as pessoas que formam a sua equipe consigam operar a sua vontade (do Estado), desdobrando recursos e planejando de modo a "desrespeitar" e até desestabilizar o costume e o privilégio; e 2) da organização da sociedade (um Estado forte requer uma sociedade também forte). Em outras palavras, a estabilidade do Estado depende de que este não pode estar na mão de grupos de interesses especiais. Abordagem que conversa com a de Evans, acima discutida.

A condição fiscal de estabilidade depende da mescla "ótima" dos três instrumentos políticos de finanças pública (renda de propriedade pública, renda fiscal e dívida pública). No entendimento de Cui (2002), para que desempenhe seus papéis econômicos, como já referido, o Estado depende de uma mescla ótima destes três instrumentos. O autor utiliza-se para justificar seu argumento do caso chinês.

> Como indicaram muitos economistas chineses, a baixa relação dívida pública/PIB implica que o país ainda tem um grande potencial de contrair dívidas para estimular as demandas internas, ao passo que a alta razão da dependência da dívida do governo central indica que gerar mais rendas fiscais é uma tarefa de suma importância para a China. Sem isso, ela não conseguirá desempenhar efetivamente nenhum dos papéis do Estado [...] (CUI, 2002, p. 273).

Para sintetizar a discussão desta seção e, indo um pouco mais além, a política econômica, em especial a política industrial, passa a ser vista como uma necessidade permanente ditada pelo funcionamento do mercado. Concebida como "[...] *um instrumento de compatibilização entre estabilidade macroeconômica, mudança tecnológica e incremento de competitividade sistêmica, num contexto de incertezas e volatilidade potencial de expectativas*" (BURLAMAQUI & FAGUNDES, p. 1996,161). No entanto,

> [...] *suas possibilidades são fortemente condicionadas pela estrutura institucional da economia, por seu grau de isomorfismo (coerência), e pelos canais de comunicação existentes intra-setor e entre este e o setor público.* A sua formulação deve basear-se na identificação do conjunto de características que nessa visão, definem as economias capitalistas, tais como o tempo histórico e expectacional, a incerteza, a concorrência via inovações, a endogeneidade do progresso técnico, as estratégias empresariais voltadas para a diferenciação e a malha institucional como suporte a ações de coordenação, embebendo as decisões tomadas pelos agentes econômicos e objetivando incremento da competitividade e convergência de expectativas. (BURLAMAQUI & FAGUNDES, 1996, p. 160-161).

Deve refletir, portanto,

> [...] um conjunto de medidas de fomento à cooperação entre e intra-instituições públicas e privadas, cujo objetivo é a criação de estímulos (oportunidades) e pressões (ameaças) para o incremento da competitividade da economia, tomando como variáveis cruciais a preservação de sua estabilidade macroeconômica, em um nível adequado de competição e a administração da mudança tecnológica. [...] Essa proposição põe em evidência que o seu âmbito de atuação é

extremamente amplo, atravessando diagonalmente o aparelho produtivo. [...] Sua base conceitual, a estratégia de coordenação via instituições, envolve, necessariamente, tanto medidas horizontais, quanto setoriais. A relação entre ambas deve ser de complementaridade e não de exclusão. (BURLAMAQUI & FAGUNDES, 1996, p. 162).

Em resumo, os elementos com os quais a política econômica deve operar não implicam uniformidade operacional ou comportamental, como destacam os autores acima. Mas, **isomorfismo** e **congruência** de expectativas e cooperação, institucionalmente construídas ou legitimadas.[18]

3. O espaço da política econômica como uma mediação entre teoria e realidade

Gadelha (2002), defende a posição de que a política econômica constitui uma mediação entre os modelos teóricos e a realidade, concebida à luz de uma determinada percepção do mundo, e age sobre uma realidade histórica concreta.

> De acordo com essa percepção da realidade, está implícita a possibilidade de existência – e de convivência – de configurações institucionais diferenciadas, envolvendo padrões alternativos de conduta e de articulação entre o Estado, o setor privado e a sociedade em geral.[19]

Desta perspectiva, o Estado e o mercado aparecem não como polos opostos, mas como dimensões que apesar de possuírem lógicas diferenciadas, interagem em um mesmo contexto socioinstitucional. Sendo a evolução desses agentes interdependentes, não é pertinente que a definição da ação de um ocorra em função das "falhas" verificadas na atuação do outro.

A natureza da ação do Estado reside de seu poder político para mediar as relações entre os atores, condicionando as estratégias privadas e a própria configuração e o desenvolvimento do mercado, a partir dos interesses hegemônicos vigentes. Poder que pode ser traduzido na capacidade do Estado de articular os agentes e instituições em torno de uma certa trajetória de desenvolvimento.

> É essa dimensão política que confere ao Estado Nacional uma capacidade de arbitragem e de mediação nas relações de interdependência entre os diversos agentes e instituições envolvidos no processo de aprendizado, permitindo induzir a transformação e o desenvolvimento das economias nacionais (GADELHA, 2002, p. 93).

Todavia, a ação do Estado é interdependente. Ela tanto condiciona quanto é condicionada por dois fatores: 1) estrutura econômica e tecnológica vigente nas economias nacionais e; 2) base organizacional e trajetória histórica da burocracia e da política pública. Esses fatores refletem e ao mesmo tempo limitam ou expandem os horizontes de ação do Estado, tanto do ponto de vista político e operacional quanto cognitivo. Mas, não é só isso. Uma vez que está imerso na incerteza e na complexidade ambiental sistêmica que envolve as unidades empresariais de decisão, o Estado também sofre de limitação cognitiva em seu processo de compreensão da realidade e de intervenção. O que leva a uma dimensão importante da análise do Estado: a sua capacidade de aprendizado. Ou seja, "o comportamento da instância pública também está sujeito a erros, à correção de rumos e a melhorias."[20]

Isto posto, há um conjunto de requerimentos organizacionais, estruturais e estratégicos para o processo de aprendizado do Estado que devem permear a ação estatal na dinâmica econômica, tais como: 1) construção de competências dinâmicas no Estado; 2) fortalecimento dos mecanismos de seleção na ação pública; e 3) ação sistêmica e preservação da variedade.[21] A forma como se inter-relacionam esses requerimentos, numa política de desenvolvimento, é assim exposta por Gadelha (2002, p. 95):

> Pensar uma política econômica para o desenvolvimento em termos dinâmicos também envolve pensar os requerimentos essenciais a uma estrutura pública capaz de lidar, de forma sistemática, com as mudanças e o aprendizado. Alternativamente, considerando também a determinação da estratégia para a estrutura, um dos fatores centrais da política de desenvolvimento é sua capacidade de alterar as estruturas estatais preexistentes, dotando-as de maior capacidade de adaptação e de transformação em face dos requerimentos dinâmicos da inovação e do aprendizado. Como desdobramento, a possibilidade de implementação de novas estratégias públicas e de transformação da própria estrutura do Estado constitui um elemento essencial para a inovação, estabelecendo uma interface importante e complexa com a política, a democracia e a possibilidade de alternância de poder.

Não é importante só delimitar a especificidade do papel do Estado como instituição na dinâmica econômica. O mesmo tem de ser feito para as outras duas importantes instituições do capitalismo, a firma e o mercado, para que se obtenha avanços analíticos neste campo.

> Nessa delimitação, a empresa, sob pressão competitiva, aparece como o agente que promove as transformações estruturais, formulando estratégias

de busca de inovações ou de absorção daquelas geradas por seus competidores. O mercado constitui o ambiente competitivo em que as empresas se defrontam, gerando estímulos, mais ou menos vigorosos, para que se formem estratégias de busca e para que operem os mecanismos seletivos, mediante os prêmios e as sanções sobre as estratégias adotadas (GADELHA, 2002, p. 111).

Em resumo, as firmas não operam no vazio. Elas não podem ter sucesso ou ser competitivas em circunstâncias onde instituições apropriadas estão faltando, onde o papel do governo não é definido claramente, e onde há um ambiente inadequado de investimento. A infraestrutura institucional, em grande parte promovida pelo governo, afeta como empresas desenvolvem capacidades empresariais e tecnológicas. Portanto, qualquer estratégia de desenvolvimento requer uma relação entre Estado e mercado. A colaboração das duas partes consiste em uma série de tarefas e responsabilidades atribuídas a cada uma delas. O desenvolvendo desta relação deve ser um processo sincronizado, desde que as tarefas empreendidas pelo governo e pelo mercado se complementem. O mau funcionamento de um destes componentes põe a qualidade e eficiência do sistema inteiro em risco. Ou seja, firmas e governos operam no contexto de um "arranjo" institucional, determinado principalmente por fatores históricos e culturais, e pelo próprio governo.

A abordagem de Gadelha (2002) converge com a de Evans (1998). Enquanto o primeiro ressalta a necessidade de construção de capacitações dinâmicas no interior do aparelho do Estado que permitam realizar atividades de prospecção e de interação com o setor privado, viabilizando a concepção de estratégias flexíveis de inovação e, portanto, de desenvolvimento. O segundo, destaca a ideia de projetos conjuntos ou compartilhados Estado/sociedade: elaboração e execução de projetos baseados numa relação simbiótica entre o Estado e os grupos industriais. Na visão de Evans, o problema das relações Estado/sociedade deve ser repensado de uma forma mais dinâmica, considerando a política de Estado um fator endógeno na mudança do caráter de suas contrapartes na sociedade. Resumindo o pensamento deste último autor:

> A ideia de projetos compartilhados, que é central nas visões de Gerschenkron, Hirschman, Amsden e Wade, presume que as conexões sólidas com grupos sociais são fundamentais à eficácia do desenvolvimento. Intuitivamente esta visão também faz sentido. Afinal, nós estamos falando de sociedades capitalistas nas quais nem o investimento nem a produção podem ser implementados sem a cooperação de atores privados. A ideia de que os Estados operam mais eficientemente quando suas conexões com a sociedade são minimizadas não é mais plausível do que a ideia de que os mercados operam isolados de outras conexões sociais. Assim como na realidade os mercados só funcionam se estiverem "inseridos" em outras formas de relações sociais, tudo indica que os Estados também devem estar "inseridos" para serem eficientes.[22]

Seguindo ainda o raciocínio da citação anterior, Evans (1998, p. 66), destaca que:

> Num processo de transformação "gerschenkroniano" ou "hirschmaniano", o formato do projeto de acumulação precisa ser descoberto, quase que inventado, e o Estado deve participar da

sua invenção. Não é suficiente diminuir a percepção de riscos. O empresariado deve ser seletivamente estimulado, complementado e reforçado. Isto, por sua vez, exige conexões mais íntimas com agentes econômicos privados, um Estado que seja mais "inserido" na sociedade, e não isolado dela.

Concluindo, as abordagens discutidas convergem para confirmar os argumentos desta parte que consistem em mostrar que: 1) a teoria institucionalista é capaz de prover uma teoria das instituições que não seja restritiva como a da Nova Economia Industrial (de caráter neoclássico), no sentido de enxergar as instituições apenas como regras do jogo. Ao contrário ela permite adotar uma visão mais complexa da interrelação entre motivação, comportamento e instituições (ou seja, permite reconhecer que as instituições e, principalmente, o Estado, têm um papel proativo no desenvolvimento econômico); e 2) que os desenvolvimentos no campo da economia evolucionária permitem definir relações e instrumentos de política econômica, particularmente de política industrial, que possibilitem uma atuação das instituições (destacando-se o Estado) e organizações (firmas) para além das falhas de mercado.

4. Fundamentos teóricos das políticas industriais

Strachman (2000), posiciona-se em favor de uma fundamentação teórica das políticas industriais, a partir dos desenvolvimentos teóricos acumulados dentro da tradição heterodoxa, formada por autores (neo)schumpeterianos, (pós)keynesianos, neo-keynesianos, institucionalistas, (neo)austríacos (e até mesmo de alguns representantes na vanguarda do *mainstream economics*). Ele analisou como a teoria econômica heterodoxa progressivamente reuniu fundamentos teóricos que dão sustentação analítica às políticas industriais. Para ele, "mesmo com todas as imperfeições e desvios das políticas industriais e os consequentes prejuízos por elas causados, o conjunto das vantagens alcançadas por meio destas parece suplantar os danos tomados agregadamente"[23]. Para justificar a sua assertiva, o autor busca corroborar empiricamente tais políticas, destacando seus resultados positivos, em termos de produção, eficiência, produtividade, renda e bem-estar.

Até recentemente, segundo o referido autor, havia uma razoável despreocupação, de muitos de seus defensores, com qualquer fundamentação teórica para elas, visto que podiam recorrer a inúmeros casos empíricos que substituíam parcialmente tais deficiências teóricas. Esta despreocupação tinha quatro causas básicas:

> [...] primeiro, a deficiência de alicerces teóricos consistentes, pelo menos quando comparados aos desenvolvimentos teóricos realizados pelo *mainstream*, na busca deste último por uma fundamentação teórica que sustentasse sua prescrição básica de não intervenção estatal sobre as economias [...] segundo [...] a existência de um sem número de casos empíricos exitosos provava, para seus defensores, a eficácia de tais políticas, a despeito da inexistência ou tibieza de uma base teórica que as fundamentasse. Além do mais, como se sabe, muito se tem feito em política industrial sem nenhuma, ou praticamente nenhuma, fundamentação em termos teóricos [...] [...] terceiro, até o final da década de 70, não havia, a despeito dos desenvolvimentos teóricos acima referidos, uma discussão pública a respeito de tais políticas, especialmente no mundo acadêmico de língua inglesa [...] quarto [...], a ignorância com relação aos desenvolvimentos teóricos realizados pelos "heterodoxos", assim como no que diz respeito àqueles desenvolvidos por parte do mainstream. Afinal, na segunda metade do século XX, pelo menos no quarto de século que termina no início dos anos 70, já se acumulavam [...] quase duzentos anos de busca por embasamentos teóricos para as políticas industriais" (STRACHMAN, 2000, p. 62).

De modo geral, os adeptos das políticas industriais, geralmente, se confrontam na defesa destas políticas, com a oposição teórica e empírica dos partidários da chamada corrente principal da ciência econômica, o *mainstream economics* (em qualquer uma das muitas vertentes desta corrente). Conforme, ainda Strachman (2000), a chamada

Teoria do Equilíbrio Geral (TEG), e uma de suas principais derivações e subdivisões, a Teoria Neoclássica do Comércio Internacional (TNCI), constituem as mais importantes fontes teóricas de argumentação daqueles que se opõem às políticas industriais, sobretudo quando essas últimas apresentam um caráter abrangente.

Considerando essas duas abordagens, Strachman (2002, p. 12), procura então demonstrar que as suas construções teóricas (TEG e TNCI) e os modelos que elas propiciam desenvolver e aplicar, devido as suas "contradições internas insolúveis, <u>inescapáveis mesmo sob condições extremamente restritivas</u>"[24], não são adequadas como guia para a compreensão do mundo real e para a ação sobre este. Em uma palavra, que os pressupostos da TEG são inapropriados a uma ciência empírica e histórica, como deve ser a economia.[25]

Em seguida, o citado autor começa a sua crítica chamando o problema da "impermanência", ou seja, da não persistência das condições iniciais.

> [...] Consequentemente, se não se supõem condições estáveis, por exemplo, para a dotação de fatores, se se permite que a economia mude suas condições iniciais, isto resulta em um caráter dependente da trajetória (*path-dependent*) para uma tal economia, pois as mudanças em parâmetros e variáveis têm implicações sobre mudanças posteriores, e assim por diante, <u>tornando irrelevantes quaisquer cálculos acerca das condições de equilíbrio correspondentes àquelas condições iniciais!</u>[26] [...] (STRACHMAN, 2000, p. 13).

Não é pretensão desse livro desenvolver uma análise das contradições internas da teoria neoclássica nos moldes realizados por Strachman, a qual este autor realizou de forma abrangente e fundamentada. Mas, a partir dos resultados deste autor, e de outros críticos do *mainstream*,[27] demonstrar que estas não oferecem um referencial adequado para fundamentar teoricamente as decisões de política industrial. De forma geral, não são pontos de partida apropriados para justificar políticas públicas, sejam elas políticas econômicas ou industriais: "implícita ou explicitamente, medidas adotadas tomando como fundamento teórico estes modelos significam que se pretende atingir o funcionamento ideal teorizado por eles, não importando se as condições essenciais do mundo real não se coadunam com eles" (STRACHMAN, 2000, p. 21).

> [...] seus alicerces básicos e [...] análises empíricas realizadas a partir deles [TEG e TNCI] (a chamada economia positiva), conduzem a duas prescrições essenciais (a chamada economia normativa): 1) a de não-intervenção nos mecanismos de mercado, uma vez que estes mecanismos tenderiam, se deixados livres de quaisquer interferências, a conduzir ao equilíbrio, inclusive em termos mundiais; e 2) em casos excepcionais, à prescrição de intervenção, a fim de adequar as condições econômicas reais àquelas que são previstas por aquelas teorias, ou seja, a fim de eliminar ou ao menos diminuir as "falhas" de mercado (STRACHMAN, 2000, p. 11-12).

Em pelo menos duas suposições básicas, as teorias neoclássicas apontadas acima, apesar de suas diferenças, apresentam semelhanças. Primeiro, na hipótese da racionalidade substantiva, maximizadora, como norma de decisão dos agentes. A segunda hipótese heroica é a do equilíbrio, como norma de atuação e/ou de decisão dos agentes, ao qual se deve adicionar os equilíbrios possíveis e tendências nos mercados, sejam esses alcançados em mercados individuais, em um conjunto de mercados, ou em todos os mercados tomados agregadamente. Mas, essas suposições são inconsistentes com a realidade de um mundo econômico, marcado por complexidade, tempo e incerteza. Na tradição neo-schumpeteriana, por exemplo, a noção de equilíbrio é rejeitada em favor dos desequilíbrios micro e macroeconômicos decorrentes dos esforços inovativos dos agentes em concorrência. "[...] A trajetória do sistema econômico e de suas ramificações é vista como um processo evolutivo – complexo, aberto e não-determinístico, não-ergódico e não-estacionário [...]" (POSSAS, 1996, p. 74 e 75).

Por sua vez, a noção de racionalidade substantiva é substituída pela de racionalidade "limitada" ou "processual" para caracterizar a racionalidade possível num mundo econômico marcado por complexidade e por incerteza. Condições impostas pelo caráter não-ergódico e não-estacionário do processo econômico capitalista. Suposição compartilhada e amplamente aceita por correntes não ortodoxas, não somente a neo-schumpeteriana, mas a pós-keynesiana e a neo-institucionalista.[28]

Nessa mesma perspectiva, dentro de um referencial teórico alternativo, no qual estão as teorias evolucionistas e institucionalistas (que ao contrário da teoria econômica tradicional teima em reduzir o papel das instituições e políticas a questões de anomalias, exceções e a casos particulares das condições de uma teoria de equilíbrio geral), existem considerações importantes a fazer sobre o papel das instituições e políticas e suas relações com os processos de mercado, caracterizados por várias formas de mudanças tecnológicas. Estes referenciais prescindem destas condições restritivas (equilíbrio e racionalidade substantiva) e buscam se ajustar, o máximo possível – e desde o início – as condições reais existentes nas várias economias, possibilitado fundamentar teoricamente as decisões de política econômica, e particularmente de industrial.

A divergência entre a TEG e os dados da realidade dos mercados se dá o nome de "falhas de mercado". E somente elas para os economistas do *mainstream* é que poderiam estar impedindo os vários mercados, e o mercado mundial como um todo, de apresentem um desempenho semelhante àquele previsto pela teoria. A prescrição de políticas para corrigir estas discrepâncias, entre as suposições da TEG e o mundo real, seriam assim pontuais e contingentes, no âmbito dessas "falhas" e enquanto elas durassem. Mesmo assim, a sua existência não é suficiente para que se recorra à intervenção. Isto porque a ação do Estado poderia, pelo menos em tese, ser tão prejudicial ao funcionamento do mercado, que ela mais prejudicaria do que melhoraria a economia e o bem-estar social. Ponto já discutido anteriormente.

Sumarizando este item, em relação ao paradigma teórico neoclássico, as premissas teóricas evolucionistas apresentam um nível de generalidade distinto, uma vez que não há a figura do agente representativo, que as regras comportamentais variam e que o padrão de interação no mercado associa-se a situações de desequilíbrio (mesmo que estáveis). O vínculo estreito que estabelece com a história permite o tratamento da diversidade dos agentes e do contexto social, econômico e institucional no qual estão inseridos, oferecendo possibilidades de proposições normativas muito mais ricas que a mera correção de falhas de mercado ou, de um Estado mínimo, como ocorre com a teoria neoclássica, e com os partidários do neoutilitarismo. Fornece, portanto, elementos conceituais que contribuem para pensar a política econômica, em especial a política industrial, considerando a diversidade setorial, tecnológica, comportamental e institucional presente nas distintas formações capitalistas. Ou seja, pensar políticas em realidades complexas e diferenciadas, considerando a realidade institucional e produtiva específica a cada formação social (GADELHA, 2002).

4.1. A política industrial como uma instituição

Definir política industrial não é uma tarefa trivial. No entanto, se abordada a questão numa perspectiva evolucionista, a tarefa embora árdua, é passível de enquadramento. Ou seja, a política industrial para uma correta definição e escopo precisa ser analisada numa perspectiva sistêmica e estrutural.

Uma boa referência ao debate foi colocada por Suzigan e Villela (1997). Estes autores, como a maioria das referências heterodoxas, começam sumarizando pontos de vistas opostos sobre o tema. Para estes autores o debate sobre o escopo da política industrial pode ser assim colocado:

Fist, those who view industrial policy in a strict sense as market-oriented policy measures to correct market failures or to enhance market operation, and second, those who define industrial policy in wide sense as including not only industry-specific policy measures but also other, more general (macroeconomic and other) policy measures which affect industrial performance (growth, productivity and competitiveness)[29] (SUZIGAN e VILLELA, 1997, p. 15 e 16).

Suzigan e Villela (1997), defendem que os dois pontos de vistas acima colocados estão, de forma relativa, associados as diferentes fundamentações analíticas da política industrial, as quais eles dividem em: teorias tradicionais da intervenção do Estado; teoria *new institutionalist* da intervenção do Estado; e economia política da política industrial. No entanto, os autores não desenvolvem esta associação, apenas chegam a sumarizar os supostos da política industrial através das abordagens neoclássica e neo-schumpeteriana.[30]

A deficiência da teoria neoclássica na análise do papel do Estado e da política industrial, já foi discutida na seção anterior. Não se pretende estender-se mais nesse tema. Embora seja importante sumarizar a discussão acima, para em seguida discutir uma abordagem neo-schumpeteriana ou evolucionista do papel da política industrial. No quadro 1, extraído de Suzigan e Villela (1997), pode-se contrastar os supostos básicos da abordagem neoclássica (falhas de mercado) e da abordagem neo-schumpeteriana/evolucionária.

Quadro 1. Suposições básicas da abordagem neoclássica (falhas de mercado) e da abordagem Neoschumpeteriana/evolucionária

Neoclássica (falhas de mercado)[31]	neoschumpeteriana/evolucionária
Análise estática comparative	Análise dinâmica de mercados e instituições (lato sensu, incluindo políticas públicas)
A intervenção do governo muda a economia de um equilíbrio abaixo do ideal para outro, Pareto-eficiente	A intervenção governamental visa o ambiente econômico (mercado como um ambiente seletivo)
Agente representativo / racionalidade substantiva ou comportamento maximizador	Racionalidade limitada (processual).
Estruturas de mercado estão dadas	As estruturas de mercado evoluem interagindo com o ambiente (competição) e com as estratégias das empresas; processo evolutivo em que o mercado é a arena e o caminho para a mudança tecnoeconômica, e a empresa a unidade básica no processo de competição.
Vantagens comparativas estáticas	Vantagens comparativas dinâmicas (ou adquiridas).
Conhecimento é um bem público	O conhecimento é tácito e específico (idiossincrático)
Política industrial é passiva, voltada para corrigir falhas de mercado	A política industrial é ativa e visa a competitividade sistêmica, criando um ambiente competitivo, coordenando às políticas governamentais e estratégias das empresas, promovendo capacidades produtivas, tecnológicas e estimulando a cooperação e alianças estratégicas.

Fonte: Suzigan e Villela (1997). Elaborada pelos autores baseada em informações de Villela & Correa (1995); Possas (1995); Dosi (1988) e Nelson & Winter (1982). [Tradução livre]

Para começar, na abordagem neo-schumpeteriana a intervenção do Estado é ativa. A competitividade é vista

47

como sistemática por natureza. Nesse aspecto, no entendimento de Suzigan e Villela (1997), a política industrial considera o sistema econômico como um todo, buscando criar um ambiente econômico competitivo e proporcionando externalidades positivas e instituições *lato sensu* (incluindo políticas) que favoreçam a competitividade. As mais importantes relações são aquelas entre competição e ambiente competitivo e entre competição e estratégia da firma: "competition is the basic process, the market is the locus of competition and the vehicle of techno-economic changes, and the firm is the main agent."[32] A ênfase nos fatores sistêmicos condicionando a competitividade demonstra a importância de se constituir e manter um ambiente econômico competitivo que favoreça o contínuo exercício da pressão competitiva sobre as firmas, qualquer que seja a estrutura de mercado existente.

Numa perspectiva mais ampla, a contribuição neo-schumpeteriana providenciou tanto uma teoria da mudança e inovação tecnológica quanto uma nova teoria microeconômica da firma, também estabelecendo amplas referências com o ambiente institucional. O que, por sua vez, torna explícita a importante e decisiva fonte de interação entre a abordagem neo-schumpeteriana e as modernas versões institucionalistas. Como exemplo, cita-se a visão de Zysman *apud* Conceição (2002a), que se preocupou em desenvolver uma teorização sobre como as instituições criam "trajetórias" de crescimento historicamente enraizadas, inserindo as instituições no ambiente teórico evolucionário.

Corroborando esta perspectiva, Baptista (2000), afirma que a visão schumpeteriana da concorrência e da dinâmica do sistema capitalista inspirou a produção teórica de um conjunto amplo e crescente de autores: os neo-schumpeterianos. Estes, particularmente, desde o início dos anos 1980, transformaram-se numa vertente teórica consistente e de abrangência considerável para explicação dos problemas econômicos. Seja para a análise da dinâmica e transformação estrutural dos mercados, da firma ou, mais recentemente, para a elaboração de modelos de crescimento.

A preocupação principal de Baptista (2000), assim como a de Gadelha (1999) e Strachman (2000), já referenciados anteriormente, consiste em identificar os elementos centrais de uma política industrial de inspiração neo-schumpeteriana, a partir da recuperação e articulação das contribuições existentes neste campo. Segundo a autora, a despeito da importância crescente deste corpo teórico no campo da heterodoxia econômica, é surpreendente a escassez de trabalhos orientados para a discussão normativa e seus desdobramentos para o campo da política industrial. Em outras palavras, a autora, procura evidenciar as potencialidades que a abordagem neo-schupeteriana oferece no campo normativo e da política industrial.

Com relação à política industrial, propriamente dita, Baptista (2000), procura demonstrar em seu trabalho os seguintes pontos: 1) a necessidade de elaboração de políticas industriais ativas na criação e sustentação de condições de eficiência e de competitividade intertemporal de empresas e países; 2) que a intervenção do Estado e, mais estritamente, a intensidade e abrangência imprimidas à política industrial são diferenciadas de acordo com as características da economia em análise, se mais próximas ou mais distantes da fronteira tecnológica (países mais distantes da fronteira tecnológica

49

requerem políticas mais complexas e abrangentes do que aqueles posicionados próximo da fronteira). A amplitude desta defasagem pode ser apreendida através da análise da "estrutura herdada" das economias referentes às dimensões setorial, institucional e patrimonial; e 3) que o conteúdo específico a ser dado a política industrial depende das características particulares das economias nacionais, fruto de processos concretos de desenvolvimento historicamente datados.

Em resumo, na perspectiva neo-schupeteriana ou evolucionista, a questão do desenvolvimento enfatiza as mudanças qualitativas em termos tecnológicos, organizacionais e institucionais. O foco é voltado para a evolução competitiva de diferentes regiões e países, centrada nas inovações, movida pelo objetivo de obtenção de rendas monopolistas. É nesse âmbito definido pela dinâmica das inovações que se dá a discussão sobre a questão do crescimento e do desenvolvimento econômico. Nesta perspectiva, o progresso técnico apresenta uma forte característica de cumulatividade, sendo que o resultado obtido num período depende do estágio do desenvolvimento alcançado no período anterior, conformando trajetórias tecnológicas que afetam a atividade macroeconômica em seu conjunto e as trajetórias nacionais de crescimento e desenvolvimento.

O desenvolvimento e o impacto da política industrial dependem de um conjunto complexo de interdependências socioinstitucionais que condicionam as trajetórias nacionais. A evolução dos distintos segmentos produtivos e regimes tecnológicos associam-se a estruturas socioinstitucionais particulares e assim, a institucionalidade que marca os distintos sistemas nacionais de inovações condiciona os padrões de evolução dos diferentes ramos produtivos. A estrutura socioinstitucional impacta na atividade econômica não apenas de forma genérica, mas também a partir de seu interior, moldando o comportamento dos agentes e a lógica competitiva vigentes nos diferentes mercados.

Por fim, o tratamento da política industrial tem de estar vinculado ao tratamento do mercado, da firma e de outras instituições econômicas e políticas. Ou seja, trata-se de um problema de coordenação e complementaridade. Em outras palavras, tem a ver com a institucionalização de um sistema de direitos de propriedade, de estabilização macroeconômica, da organização da sociedade em grandes grupos, da promoção de ideologias nacionais e da complementar coordenação de decisões de investimentos.

4.2. Escopo e objetivos da política industrial

Suzigan e Villela (1997), consideram na definição de uma política industrial,[33] cinco áreas de políticas e suas inter-relações. Primeiro, a especificação de diretrizes de política industrial e os seus específicos programas. Segundo, as relações entre as políticas industriais e a política macroeconômica. Terceiro, políticas auxiliares de comércio, financiamento e promoção da competição/regulação. Quarto, políticas de infraestrutura, ciência e tecnologia e educação/recursos humanos. E quinto, políticas seletivas.

Em relação ao primeiro item, uma citação esclarece a sua importância:

> The statement of industrial policy guidelines is at the heart of the scheme. These guidelines are essential for political and economic **coordination**[34] of government policies and of these policies with firms' strategies and workers participation. The institutional organization plays a key role in formulating the guidelines and specific programs or measures, as well as in policy implementation[35] (SUZIGAN e VILLELA, 1997, p. 26).

Para os autores citados acima, as relações entre política macroeconômica e política industrial são as mais importantes, dado que há uma via de mão dupla entre as mesmas. Por um lado, as políticas macroeconômicas afetam a política industrial através da mudança de preços relativos dos bens (*tradables/non-tradables*), influenciam os níveis de investimentos através da taxa de juros, sinalizam a estabilidade macroeconômica e a capacidade fiscal, para implementação de políticas de incentivos e de investimentos em infraestrutura, ciência e tecnologia e educação. Por outro lado, o sucesso da política industrial pode ajudar a política macroeconômica pelo incremento da eficiência produtiva e pelo aumento da produtividade total dos fatores na economia.

Entretanto, para Strachman (2000), existe, na verdade, antes de tudo, uma relação conflituosa entre política macroeconômica e política industrial. Isto porque os responsáveis pelas primeiras têm como objetivo exclusivo ou principal a obtenção da estabilidade macroeconômica (níveis adequados de desempenho quanto à inflação, desemprego, déficit público e política monetária). Já, a política industrial tem como alvo preferencial o desenvolvimento econômico e industrial, além de, em muitos casos, objetivos no que tange ao desenvolvimento regional e à qualificação da força de trabalho. Em segundo lugar, o horizonte visado de atuação por estas políticas é também diverso. As políticas macroeconômicas, perseguem efeitos imediatos, ou mais de um prazo curto. Em contraposição, para as políticas industriais os horizontes para a consecução de metas são muito mais dilatados. Contudo, desde que as políticas industriais sejam consistentes, não há contradição entre seus objetivos e os das políticas macroeconômicas, ao menos se for permitido um prazo suficiente para que os objetivos das primeiras sejam minimamente alcançados.

Entre as políticas macroeconômicas ou de promoção da competitividade sistêmica constituídas basicamente de instrumentos horizontais e que têm impacto no sistema econômico como um todo, destacam-se as relacionadas com:

i) estabilidade de preços;

ii) eficiente sistema tributário;

iii) acesso a fontes de financiamento de longo prazo;

iv) política de promoção comercial;

v) promoção de gastos em pesquisa e desenvolvimento;

vi) educação e qualificação da mão-de-obra;

vii) regulação das concessões de serviço público;

viii) investimentos seletivos em infraestrutura (ALÉM, BARROS, GIAMBIAGI, 2002, p. 4).

É importante enfatizar que os instrumentos de política industrial são concebidos num contexto macroeconômico que determina o padrão de desenvolvimento de um país. Neste macroambiente em que se definem as políticas que lidam com o comportamento agregado da economia (inflação, taxa de câmbio e de juros, carga tributária e investimentos), relacionadas diretamente com as políticas fiscais, monetárias e cambiais, insere-se também a política industrial, que depende deste macroambiente e da orientação geral destas políticas, mas não se deve confundi-las com a política industrial.

O segundo mais importante conjunto de políticas compreende as políticas de comércio, de financiamento, competição/regulação. As primeiras são responsáveis pelo estabelecimento de um ambiente competitivo no qual as firmas devem estar em permanente pressão competitiva. Estas, junto com as políticas de financiamento, estimulam as mudanças tecnológicas e *up grade* da estrutura industrial, interagindo com as estratégias das firmas. A ênfase dos autores para este conjunto de políticas é que elas devem ser consistentes com a política macroeconômica.

As políticas de infraestrutura, ciência e tecnologia e educação/recursos humanos, são importantes porque elas geram externalidades positivas que contribuem como fatores gerais para a competitividade sistêmica. No caso específico da infraestrutura, a sua contemplação como política industrial se dá por dois motivos básicos:

> 1) visto que elas necessitam, essencialmente, para serem executadas, da atuação decidida de amplos segmentos dos setores secundário e terciário, contribuindo, portanto, pelo lado da demanda[36], para

> o desempenho econômico e, em muitos casos, tecnológico de tais segmentos; e 2) por causa do impacto que apresentam sobre estes mesmos setores (e também sobre o agropecuário) pelo lado da infraestrutura tomada como insumo, i.e., pelo lado dos custos e das condições de atuação das empresas, quando se analisa pelo lado da oferta (STRACHMAN, 2000, p. 68).

Por fim, segundo ainda Suzigan e Villela (1997), a ênfase nos determinantes gerais da competitividade e na política concorrencial (horizontal) não reduz a importância da dimensão micro da política industrial, seja ao nível de indústrias, tecnologias, produtos ou firmas. Elas têm como objetivo criar capacidade de produção, facilitar reestruturações ou estimular a capacitação tecnológica. Mas, não devem ser confundidas com simples proteção ou práticas de subsídios.

Mesmo entre os autores favoráveis a política industrial existe uma certa discordância quanto à horizontalidade e a seletividade deste tipo de política. Discórdia a ser resolvida, se se entende que estas se constituem o cerne da política industrial.[37] Ou seja, de que a estabilidade macroeconômica é uma pré-condição necessária para implementação da política industrial. A questão é antes de tudo que essa relação é um problema de coordenação, ou mais especificamente, de combinação e convergência da política industrial com políticas não só macroeconômica, mas também com políticas tecnológicas, regionais, educacionais etc. Em termos empíricos, a década de 1990 demonstrou que somente a estabilidade macroeconômica não se apresentou como condição suficiente para promover a mudança estrutural da economia e do padrão exportador do país em termos dinâmicos. Além disso, uma política industrial necessariamente além de envolver capacidades adicionais de produção tem de envolver, para ter sucesso, outra ordem de capacidades tais como comerciais, industriais, tecnológicas, financeiras, inovativas etc. Daí a sua natureza complexa e a confusão que se faz em torno do seu escopo e instrumentos.

Isto posto, deve ficar claro que as políticas de promoção a setores específicos, são direcionadas a indústrias particulares para atingir os resultados que são percebidos pelo Estado como sendo eficientes para a economia como um todo. Ressalta-se que apesar de ser direcionada a indústrias específicas, a política industrial em última instância tem como objetivo aumentar a eficiência da economia como um todo e não apenas a das indústrias selecionadas. São políticas estratégicas à medida que contribuem para o desenvolvimento de setores importantes para o sistema econômico como um todo, o que poderia não ocorrer caso as decisões estivessem à mercê apenas da racionalidade do mercado. Além, Barros e Giambiagi (2002), observaram que o "segredo" do sucesso das políticas setoriais de diferentes experiências nacionais esteve associado a uma seletividade eficiente e à cobrança de desempenho.

Na mesma linha de Suzigan e Villela (1997), Campanário e Muniz da Silva (2004), através de uma revisão da literatura recente, num esforço de sistematizar as diversas dimensões frequentemente apontadas no tratamento do tema, procuraram classificar os elementos fundamentais de uma nova política industrial. A classificação proposta, segundo os autores, tem um caráter marcadamente normativo. Os critérios definidos são relativos a:

consistência macroeconômica; ajuste externo; seletividade; horizontalidade; cooperação; sustentabilidade; espacialidade; inovação; normas comerciais; defesa do consumidor; defesa da concorrência; e regulação.

Kupfer (2003), ajuda a fechar este argumento. Ele enfatiza que é falsa a dicotomia entre política industrial horizontal e vertical. Na verdade, as políticas industriais bem-sucedidas não se opõem ao mercado, mas tampouco se limitam a complementá-lo. Mas, chama a atenção para o fato de que as políticas de corte horizontal, ou seja, relacionadas a gestão macroeconômica podem ser necessárias, mas não suficientes para promoverem o desenvolvimento econômico e social. Para este autor, as

> [...] configurações industriais, estágios de desenvolvimento, desafios competitivos e capacidades de resposta são, em geral, setor-específicos. Dessa forma, políticas horizontais, ao contrário de neutras, repercutem de forma diferenciada entre os diversos setores industriais. Simetricamente, setores diferenciados podem apresentar necessidades similares, de sorte que as políticas verticais podem significar redundâncias, conflitos e má alocação de recursos. Calibrar com inteligência ambas as práticas de política industrial é, pragmaticamente, o objetivo a ser perseguido (KUPFER, 2003, p. 294).

A importância conferida a cada uma dessas políticas depende também do referencial teórico do pesquisador e das variáveis selecionadas. A síntese desta discussão, aponta em direção da combinação adequada entre a política industrial e as outras políticas consideradas. Além, Barros e Giambiagi,

(2002, p. 2), ajudam a esclarecer a questão, ao combinar a duas formas de política (horizontal e vertical):

> i) promoção de competitividade sistêmica; e ii) promoção de setores específicos. Esta divisão visa ressaltar o forte envolvimento das políticas macroeconômicas com as políticas industriais específicas, ou setoriais. Por um lado, um ambiente macroeconômico favorável é um pré-requisito para a promoção de novos investimentos na economia. Por exemplo, fica difícil de pensar em empresários entusiasmados em aumentar os seus gastos, tendo como pano de fundo uma economia marcada por forte incerteza quanto à evolução futura dos preços e da demanda. Por outro, as políticas industriais setoriais devem ser vistas como um instrumento que gera benefícios macroeconômicos e não como uma forma de beneficiar setores e/ou indústrias específicas.

Em termos de resultado, a busca de competitividade se tornou o objetivo-síntese das políticas de governo, que juntamente com o emprego, constituem-se nos dois objetivos básicos de política industrial que, por sua vez, também apresentam determinado conflito potencial. Segundo Possas (1996), o tema da competitividade tem tido presença marcante e crescente na literatura econômica do desempenho da empresa e, a ênfase nos seus fatores sistêmicos, desloca o foco das empresas e indústrias para as condições de ambiente competitivo, sistema econômico/institucional e infraestruturas que geram externalidades para as empresas.[38] Nesta mesma direção, Kupfer (2003, p. 281-82), entende que

> [...] cabe à política industrial acelerar os processos de transformação produtiva que as forças de mercado podem operar, mas o fazem com lentidão, e disparar processos que essas mesmas forças são incapazes de articular [...] está claro hoje que os investimentos produtivos, sem o auxílio de políticas específicas, virão muito mais lentamente ou simplesmente não virão [...].

Em resumo, a política industrial seja ela implícita ou explicita está diretamente ligada à capacidade do Estado-nação em pensar e repensar o seu desenvolvimento autônomo. Para a sua formulação são necessários: um "projeto" de indústria; uma visão de sua configuração futura; um desenho do que é simultaneamente desejável e realizável; a identificação das barreiras interpostas a esse projeto; e os meios que possibilitam remover os obstáculos de forma organizada e programática (Frischtak, 1996, p. 11). Nesse sentido, a política industrial deixa de ter um caráter contingente, como pensa a teoria econômica tradicional, e passa a ser uma preocupação constante do Estado, em atingir e/ou manter um certo padrão de desenvolvimento, dado que é no sistema industrial que ocorre o desenvolvimento tecnológico e a sua difusão pelos demais setores econômicos. Neste sentido, a política industrial passa a designar:

> [...] a criação, a implementação, a coordenação e o controle estratégico de instrumentos destinados a ampliar a capacidade produtiva e comercial da indústria, a fim de garantir condições concorrenciais sustentáveis nos mercados interno e externos [...] está fundada em instrumentos microeconômicos [...] tem como objeto de intervenção atividades econômicas específicas ou setoriais [...] e em temas

que diretamente afetam a sua competitividade e função social (geração de empregos, qualidade de produtos e processos, incentivos fiscais e financeiros, suprimento energético e de transporte, infraestrutura tecnológica e meio ambiente) (CAMPANÁRIO & MUNIZ DA SILVA, 2004, p. 14).

Considerando-se agora a dimensão institucional, conclui-se que para uma formulação de uma política industrial no campo da economia institucional-evolucionária, se faz premente a recuperação da capacidade institucional do Estado-nação, como agente e coordenador do desenvolvimento industrial e tecnológico. Que deve ser realizada através da definição de um conjunto de políticas econômicas bem definidas (horizontais e verticais) e sujeitas à coordenação institucional capaz de dinamizar a economia como um todo e minimizar os conflitos estaduais, mantendo a capacidade desses últimos agentes de implementar suas próprias estratégias. Citando mais uma vez Kupfer (2003, p. 296), "há a necessidade de reconstruir a institucionalidade da política industrial." Os instrumentos a serem utilizados estão relacionados a um sistema de incentivos e regulações. O primeiro relaciona-se a medidas fiscais e financeiras, como incentivos à pesquisa e desenvolvimento, crédito, compras governamentais e estímulo à exportação, tanto em termos de políticas horizontais como verticais. Já o regime de regulação relaciona-se à manutenção de um ambiente competitivo, englobando as políticas antitrustes, comercial, de propriedade intelectual, consumidor e meio ambiente. Os quadros 2 e 3, sintetizam os instrumentos relativos às políticas auxiliares e dos determinantes sistêmicos da competitividade.

Quadro 2. Políticas auxiliares e os seus instrumentos

1. Política comercial
  * Tarifas
  * Barreiras não-tarifárias
  * Incentivos à exportação
  * Subsídios ao setor produtivo
  * Financiamento à exportação e seguro de crédito
  * Financiamento de importação
  * Legislação comercial injusta
2. Financiamento
  * Crédito de investimento de longo prazo
  * P & D e financiamento do desenvolvimento tecnológico
3. Políticas de promoção (incentivos fiscais e outros)
  * Incentivos ao investimento
  * P & D e incentivos ao desenvolvimento tecnológico
  * Incentivos ao desenvolvimento regional
  * Apoio a micro/pequenas e médias empresas
4. Políticas de concorrência/regulação
  * Legislação antitruste
  * Legislação de direitos de propriedade intelectual
  * Regulamentação de investimento estrangeiro direto
  * Regulação de transferência de tecnologia
  * Regulação do mercado de trabalho
  * Programa de privatização
  * Regulamentação de Concessões de Serviços Públicos
  * Legislação de proteção dos direitos do consumidor
  * Legislação de proteção ambiental

Fonte: Suzigan e Villela (1997, p. 28). [Tradução livre]

Quadro 3. Determinantes gerais da competitividade sistêmica

1. Infraestrutura física
- Geração e distribuição de energia
- Transportes
- Armazenagem e instalações portuárias
- Telecomunicações

2. Infraestrutura tecnológica e científica
- Universidades
- Institutos de pesquisa e centros tecnológicos
- Normas e padrões técnicos

3. Educação e qualificação de recursos humanos

Fonte: Suzigan e Villela (1997, p. 28). [Tradução livre]

Num sentido mais pragmático, Erber e Cassiolato (1997), analisando as "novas" políticas industriais em vigor nos países da OCDE, no contexto de um novo paradigma tecnológico e da globalização financeira, classificam os instrumentos utilizados no quadro de suas políticas de competitividade em quatro categorias: poder de compra do setor público; intervenção direta para reestruturação de setores, sob leis ou regulamentos temporários; requisitos de desempenho para o investimento de risco estrangeiro; subvenções, incentivos e auxílios fiscais-financeiros, diretos e indiretos.

A questão da reconstrução institucional remete a duas outras importantes questões: 1) a reconstrução da institucionalidade das políticas públicas e da política industrial, especificamente (que exige não só a necessidade de um conjunto de políticas econômicas bem definidas, mas também a criação, reestruturação interna e do relacionamento entre instituições e entre instituições e o setor privado; e 2) a questão espacial.

4.3. A reteritorialização do desenvolvimento econômico: breve comentários sobre os anos 1990

Nos itens anteriores, a política industrial foi discutida em termos da abrangência de um país, de um sistema produtivo nacional. Mas, fatores como as transformações tecnológicas dos últimos 50 anos, a relativa redução da capacidade de intervenção do Estado, o ressurgimento de formas de organização econômica e política no nível subnacional (local/regional), induziram a uma reteritorialização do desenvolvimento econômico no contexto de uma nova economia globalizada. Não é só o uso de novas tecnologias, mas sim a construção de todo um novo sistema técnico e administrativo, caracterizado de Revolução Técnico-Científico-Informacional, que vem impondo a necessidade de reformulações, não só em nível das estruturas organizacionais, como também em nível das relações estabelecidas entre as várias esferas do setor público, e destas com o setor privado. Em sentido amplo, cabe afirmar que a economia mundial teve, no período considerado, seus traços radicalmente transformados nos seus diversos aspectos e dimensões políticas, tecnológicas, organizacionais, informacionais, comerciais, financeiras, institucionais, culturais e sociais, que se relacionam de maneira dinâmica. Como manifestações mais visíveis de tais transformações estão a aceleração dos processos de liberalização econômica, a (r)evolução tecnológica, crescente competição e globalização, e um novo *padrão sistêmico de riqueza*: a financeirização da esfera econômica.

> Trata-se de um padrão sistêmico porque a financeirização está constituída por componentes fundamentais da organização capitalista, entrelaçados de maneira a estabelecer uma dinâmica estrutural segundo princípios de uma lógica financeira geral. Neste sentido, ela não decorre apenas da práxis de segmentos ou setores – o capital bancário, os rentistas tradicionais – mas, ao contrário, tem marcado as estratégias de todos os agentes privados relevantes, condicionando a operação das finanças e dispêndios públicos, modificando a dinâmica macroeconômica. Enfim, tem sido intrínseca ao sistema tal como ele está atualmente estruturado (BRAGA, 1997, p. 196).

Para Klink (2001), esta reterritorialização é entendida como um processo que busca garantir certas condições econômicas, políticas, sociais e culturais concentradas espacialmente em um determinado local para uma inserção bem-sucedida na economia global. Tem por base um conjunto de fatores relacionados à questão da proximidade espacial, a relação causal e circular entre crescimento econômico e localização de novas empresas, o papel crítico das estruturas sociais das regiões, os arranjos institucionais, os mecanismos de ampliação e difusão de conhecimento e, também, os fatores culturais.

De forma mais restrita, pode se colocar a questão acima dentro do tema da descentralização do Estado que suscitou, como ressalta Menezes (2002), inúmeras pesquisas e debates em países como França, Itália, Espanha e Inglaterra. Particularmente nos anos 1970, surgiram diversas propostas de reestruturação desses espaços nacionais. Este debate somente tomou corpo na América Latina mais recentemente, associado à questão da crise fiscal do Estado e do processo de redemocratização.

Todavia, o termo descentralização tem sido entendido de maneira bastante variada, sendo utilizado para designar diferentes processos. Dentre essas várias perspectivas, as mais importantes são: 1) da administração descentralizada, que está inserida no contexto das transformações tecnológicas; 2) da descentralização como instrumento de articulações políticas; 3) da descentralização associada ao conceito de autonomia e; 4) da descentralização associada ao conceito de federalismo.[39] De forma ampla, o conceito de descentralização está tanto relacionado à estrutura de poder estabelecida quanto a possibilidade de se alterar essa estrutura. De forma pragmática, o conceito envolve a questão da redistribuição de poder e pode ser medida através do grau de autonomia que as esferas subnacionais passam a poder exercer. Tema que remete a discussão da crise do desenvolvimentismo no Brasil e a substituição de uma política industrial, pelo que Lasmar (1996), denominou de conjunto de "orientações nacionais".[40]

A crise do desenvolvimentismo no Brasil, traduzida em sucessivas crises político-institucionais, fiscal e financeira, pode ser analisada, um tanto simplificadamente, de duas perspectivas: política e econômica. Da perspectiva política, foi marcada por um processo dualista de democratização e descentralização do Estado, que propiciaram espaço para o surgimento de mecanismos subnacionais de formulação de políticas públicas. Suas implicações são claras em duas áreas distintas: a reforma fiscal e a política industrial. As mudanças institucionais, especialmente a Constituição de 1988, transferiram mais poderes, recursos e responsabilidades políticas às unidades subnacionais, mais do que em qualquer outra fase da história brasileira (sobre as suas políticas fiscal, social e econômica). Os estados em nível subnacional ficaram, assim, "livres" para taxar, gastar e investir.

Da perspectiva econômica, a crise fiscal do Estado brasileiro e a influência do dogma neoliberal, impôs ao governo brasileiro nos anos 1990, abdicar do uso de políticas industriais e de políticas de desenvolvimento regional, como forma de intervenção ativa no desenvolvimento econômico do país, na acepção mais ampla do termo. A partir desse momento, as políticas macroeconômicas de curto prazo passaram a ser vistas como suficientes para o desenvolvimento, relegando a política industrial no nível federal a poucos programas de alcance e eficácia reduzidos.

A afirmação acima, no entanto, merece ser qualificada. O fenômeno da abertura econômica, no começo dos anos noventa, constituiu-se no evento mais impactante na economia brasileira engendrando uma grande mudança institucional e estrutural na indústria brasileira, que passou por um processo de radical liberalização. Outras medidas importantes no ambiente institucional e econômico brasileiro foram: as privatizações, a eliminação de restrições à "propriedade industrial" (patentes etc), a introdução de novas regras de liberalização do investimento estrangeiro, e a eliminação de controles de preço e da maioria dos subsídios e incentivos fiscais, concedidos no passado pelo governo federal. Essas iniciativas tinham como objetivo maior sintonizar a economia e a sociedade brasileira na direção das forças econômicas que marcaram a referida década: competição, progresso técnico e reestruturação. Estas transformações forçaram, segundo Frischtak (1996, p. 11), "os analistas a repensar o sentido e o conteúdo de um projeto nacional de desenvolvimento industrial e a indagar sobre qual deve ser o papel do Estado em um novo contexto de rivalidade crescente, rápida expansão da fronteira tecnológica e contínua reestruturação."

A base do que se transformou no programa oficial de abertura, adotado em junho de 1990, foi denominado de "Diretrizes Gerais da Política Industrial e de Comércio Exterior" (PICE). No qual,

> [...] aboliam-se praticamente todas as restrições quantitativas relevantes a importações, e introduzia-se um calendário de reduções de tarifas até dezembro de 1994. O cronograma foi acelerado em 1992, tendo atingido, já em 1993, a meta de tarifa média de 14%. Em 1994 houve nova queda, revertida, porém, em 1995, quando, depois da crise mexicana, elevaram-se as tarifas de alguns setores selecionados, notadamente dos veículos automotores (BIELSCHOWSKY, 1999, p. 11).

A abertura econômica, na forma do anúncio e da implementação da Política Industrial e de Comércio Exterior (Pice), é entendida por Almeida (1999), como uma resposta à crise estrutural do modelo de substituição de importação, vindo, também, consequentemente, a modificar drasticamente as regras do jogo econômico, através de um verdadeiro tratamento de choque para as empresas brasileiras.

Avaliando os resultados desse processo, Nassif (2003), afirma que após mais de uma década da implementação e consolidação do processo de liberalização comercial no Brasil, restam poucas dúvidas com relação a alguns de seus benefícios. Ajudou a reverter o declínio da produtividade do trabalho que se vinha constatando desde meados da década de 1980, contribuiu para modernizar o parque industrial, mediante adoção de novas técnicas produtivas ou de gestão empresarial, bem como maior racionalização das plantas industriais preexistentes via combinação mais eficiente de fatores e insumos envolvidos e, por fim, com a maior exposição à concorrência externa impôs forte disciplina aos grupos empresariais na prática de *mark-ups* exageradamente elevados.

No entanto, segundo o mesmo autor, diversos indicadores sobre a estrutura de comércio exterior e de eficiência dinâmica da indústria brasileira mostram que os resultados da liberalização comercial ficaram bastante aquém dos desejados. A estrutura produtiva brasileira não incorporou vantagens comparativas em qualquer outra indústria, a exceção do segmento aeronáutico, considerada dinâmica com respeito à capacidade de potencializar o ritmo de crescimento da economia numa perspectiva de longo prazo. Já os setores que obtiveram maiores ganhos de eficiência técnica na indústria de transformação, indicaram fraca orientação externa ao longo desse período (na média, houve perda de participação no total exportado, entre 1989 e

2001, e incremento pouco expressivo no coeficiente exportado entre, 1989 e 1998).

Analisando as transformações acima mencionadas, Bielschowsky (1999, p. 13), chegou à seguinte conclusão: "a grande figura nova do quadro institucional da indústria nos últimos dois a três anos, além do já mencionado regime especial para a indústria automobilística, são os incentivos estaduais e municipais aos novos investimentos, imunes aos controles da OMC."

Neste contexto, um exercício tão urgente quanto difícil é a definição das margens de atuação dos poderes públicos subnacionais em matéria de política industrial. Pois na falta de uma nova estratégia nacional que fornecesse alicerce a ação dos estados, observou-se, como mostra Rocha (2004, p. 18): "[...] uma descentralização não planejada dessas políticas, ou seja, elas emergiram 'espontaneamente' no nível subnacional. Governos estaduais e municipais aventuram-se na criação de programas locais de atração de indústrias via incentivos fiscais-financeiros, acirrando as disputas por investimentos no ambiente federativo."

No entanto, os estados subnacionais enfrentaram o desafio de desenhar políticas industriais que pudessem responder à erosão do modelo desenvolvimentista nacional sob duas grandes restrições: de experiência (muitos dos estados não dispunham de uma burocracia moderna organizada em agências públicas); e da "ausência" do governo central. Logo, a capacidade dos estados de elaborarem e implementarem suas próprias políticas industriais se apresentaram bastante diferenciadas, bem como os resultados dessas políticas.

As políticas industriais, em nível subnacional, foram ancoradas, num primeiro momento, em incentivos fiscais e financeiros para implantação, ampliação, recuperação, modernização e realocação de empresas industriais consideradas importantes para o seu desenvolvimento. Vários estados brasileiros passaram a conceder isenção ou redução de ICMS, cedendo ainda terrenos e instalações, financiando obras de infraestrutura, e adiando o recebimento de alguns impostos e até mesmo tornando-se acionistas de empresa privadas. A exacerbação dessas práticas competitivas – e não cooperativas – entre os estados da federação veio a ser denominada na literatura de *"guerra fiscal"*.

O polêmico debate sobre a guerra fiscal pode ser colocado em torno de duas visões polarizadas. De um lado, estão os que veem estas políticas como a pior alternativa possível para a intervenção do setor público no processo de inversão privada. E de outro, estão os que as defendem como instrumento para acelerar o crescimento de regiões periféricas e diminuir as desigualdades regionais, quando os governos nacionais estão ausentes dessas funções (ROCHA, 2004).

De modo geral, pelo menos em uma primeira aproximação, não foram "políticas industriais integradas", mas apenas parciais e voltadas principalmente para capacidades adicionais de produção e, principalmente geração de postos de trabalho.

Entre as causas da intensificação da guerra fiscal, estão: 1) a gradual fragilização da capacidade regulatória do governo central brasileiro sobre os entes federativos, que vem ocorrendo desde a década de 1980; 2) a retomada do investimento privado interno e externo no país, a partir de 1993/94, devido a estabilização da economia; 3) a ausência de uma efetiva política federal de desenvolvimento regional; 4) a urgente necessidade de geração de empregos; e 5) os retornos político-eleitorais gerados por essas práticas. Mas, é a vigência de um princípio misto de *origem-destino* para a cobrança do ICMS nas transações interestaduais que possibilita o aparecimento da guerra fiscal intraestadual. Ou seja, foi a estrutura tributária brasileira que proporcionou aos estados uma saída para o fim do desenvolvimentismo no Brasil. No entanto, provou ser mais uma situação de "salve-se quem puder", impossível de se transformar num modelo de desenvolvimento nacional, até pela extrema desigualdade que há entre os vários entes federados.

Entretanto, a guerra fiscal revelou uma dimensão que há muito passava despercebida relacionada ao papel das entidades subnacionais: os governos estaduais podem desempenhar um importante papel na indução do investimento e na atração de empresas. Rodrigues (1998), afirma que os estados do Ceará, da Bahia e de Minas Gerais, compreenderam o momento econômico e puderam estar prontos quando veio a estabilidade econômica, com o Plano Real, para atrair novos investimentos e induzir a ampliação de empreendimentos existentes. Para a autora, estes estados tiveram a capacidade de organizar tanto instituições governamentais quanto privadas, de forma a constituir um ambiente favorável ao crescimento econômico, assegurando: estabilidade institucional, infraestrutura econômica e social e incentivos fiscais. Capacidade esta que se revelou um fator crucial na atração de empresas e também permitiu aos estados estabelecer uma relação menos dependente do governo federal.

A pesquisa de Rocha (2004, p. 30), que analisa também os casos do Ceará, Pernambuco e Bahia, confirma os resultados de Rodrigues (1998), de que as políticas praticadas por estes estados,

> [...] começam a transcender o objetivo único de influir na decisão locacional dos investidores. Por força das circunstâncias, esses governos passaram a utilizar, também, suas políticas de incentivos para tentar recuperar a competitividade de setores e empresas locais consideradas importantes ou estratégicas para esses estados.

Portanto, análise de Rocha converge com a de Rodrigues (1998), no sentido de que atualmente o conceito de guerra fiscal deve ir além da concepção simples de uma disputa entre os governos estaduais com o único intuito de atrair investimentos para os seus estados. Deve incorporar também a dimensão do aprendizado institucional, introdução de inovações organizacionais e institucionais, modernização administrativa, fortalecimento da capacidade institucional, entre outras.

Os resultados dessa nova realidade econômica brasileira apresentam-se refletidas nas alterações do emprego industrial brasileiro. Sabóia (2001c), defende a posição de que, na década de noventa, houve uma continuidade do processo de descentralização da indústria brasileira que vinha ocorrendo no passado, com redução da importância da região Sudeste, tanto em termos de emprego quanto de salários, e aumento da participação das demais regiões, especialmente as regiões Sul e Centro-Oeste. Para o autor, a descentralização industrial da década de noventa foi um processo dinâmico e diferenciado regionalmente.[41]

Como fontes dessas alterações, Sabóia (2001c, p. 85), destaca: "a guerra fiscal entre as várias unidades da federação, os salários mais baixos nas regiões menos desenvolvidas, a proximidade de fontes de matérias-primas, o nível da infraestrutura local e o desenvolvimento do Mercosul [...]." Nesse processo, alguns estados e regiões têm se destacado, beneficiando-se da descentralização industrial. Ainda na análise deste autor, "[...] enquanto o emprego se reduz na maior parte do país, estados como o Paraná, o Ceará e aqueles localizados na região Centro-Oeste mostram um grande dinamismo, recebendo novas empresas industriais e apresentando forte crescimento do emprego."

Por outro lado, a década de 1990, também revelou o risco de um agravamento das diferenças regionais através da ampliação da força de atração sobre os investimentos das regiões Sudeste e Sul, dadas as suas vantagens competitivas (relativas à infraestrutura, a qualidade da mão-de-obra e o acesso a tecnologia e serviços), amplificadas pela intensificação do processo de globalização, aumento da mobilidade de capitais e pela aceleração do ritmo das mudanças tecnológicas.

Não se pode negar que a experiência desenvolvida no campo da descentralização durante os anos 1990 foi altamente positiva e deve tornar-se um dos instrumentos prioritários para execução de uma política de desenvolvimento no Brasil. Porém, a grande desigualdade que há entre as unidades subnacionais e a estrutura tributária existente no Brasil, impede que todos os estados, principalmente os mais pobres possam se beneficiar desta descentralização. Mesmo oferecendo incentivos fiscais, muitos estados não conseguiram resultados efetivos. O que revela que o problema não era a guerra fiscal em si, mas a extrema desigualdade inter e intrarregional, que impede que um outro padrão de desenvolvimento mais homogeneizador seja estabelecido.

Nesse contexto, um novo pacto federativo deve ser estabelecido para que, em condições normais, os estados da federação possam estabelecer políticas eficientes de desenvolvimento. Esse novo pacto exige um novo sistema tributário nacional que possibilite aos estados manterem o seu equilíbrio fiscal e ao mesmo tempo ter capacidade de originar recursos para políticas de desenvolvimento, sem causar constrangimentos aos demais estados e ao País. Também exige uma maior transparência entre as relações governamentais verticais e horizontais. Prática que só foi iniciada no ano de 2000 com a Lei de Responsabilidade Fiscal, mesmo assim com um caráter mais punitivo do que de sustentação da autonomia dos entes federados. Infelizmente a noção da coerção é mais forte do que a de coordenação da União para com os entes federados.

Concluindo, observa-se muito claramente que na pauta de discussões sobre como implantar um projeto de desenvolvimento, o tema da política industrial, no sentido de uma política industrial integrada, da territorialidade e da estrutura institucional, que dá suporte a uma tal política merecem especial atenção dos pesquisadores preocupados com as questões atuais do desenvolvimento. Enfim, a questão espacial por incorporar todos os elementos acima discutidos precisa voltar ser uma prioridade dentro de uma nova agenda de desenvolvimento nacional.

5. Estudo de caso

5.1. Política industrial no governo Lula[42]

No dia 1° de fevereiro de 2005, foi oficialmente lançado pelo Ministério do Desenvolvimento, Indústria e Comércio Exterior, o documento denominado de Política Industrial, Tecnológica e de Comércio Exterior (PITCE), anteriormente divulgado como diretrizes ainda em 2003. A PITCE está organizada em três grandes planos: 1) linhas de ação horizontal; 2) opções estratégicas; 3) atividades portadoras de futuro.

As ações organizadas para o plano linhas de ação horizontal estão organizadas em quatro grandes grupos: 1) inovação e desenvolvimento tecnológico; 2) inserção externa; 3) modernização industrial; e 4) ambiente institucional e aumento da capacidade produtiva.

As opções estratégicas objetivam estimular o investimento e o desenvolvimento de setores que representam setores chave para modernização industrial, elevação da produtividade da economia e inserção internacional, são eles: semicondutores; *software*; bens de capital; e fármacos e medicamentos.

O apoio às novas atividades está contemplado no plano de atividades portadoras de futuro como a biotecnologia, a nanotecnologia e biomassa/energia renováveis. Pode-se observar que a PITCE, em termos da sua elaboração, inscreve-se numa perspectiva sistêmica e estrutural. Porém, da perspectiva sistêmica não estão formuladas, por exemplo, as relações entre políticas de infraestrutura, ciência e tecnologia e educação/recursos humanos.

Num plano mais geral, a PITCE parece delinear uma aliança estratégica entre o governo e as grandes corporações privadas, ou seja, a inclusão das empresas multinacionais como principais atores. Nesse sentido, favorece os mecanismos de mercado em detrimento de um projeto de desenvolvimento nacional.

Para Furtado (2001), uma vez que o atraso relativo do processo de industrialização dos países retardatários alcança certo ponto, o processo de industrialização dessas economias sofre importantes modificações qualitativas. Principalmente, passa a se orientar para completar o sistema econômico internacional e não para formar um sistema econômico nacional. Como explica Furtado (2001, p. 21 e 44):

> Nessas economias, os incrementos de produtividade resultam fundamentalmente de expansão das exportações e não do processo de acumulação e dos avanços tecnológicos que acompanhavam no centro do sistema capitalista essa acumulação [...] Sobra dizer que a industrialização que atualmente se realiza na periferia sob o controle das grandes empresas é processo qualitativamente distinto da industrialização que, em etapa anterior, conheceram os países

cêntricos e, ainda mais, da que nestes prossegue no presente.

Nesse contexto, no plano horizontal, a PITCE pode amplificar a vulnerabilidade da economia brasileira visto que grande parte das exportações ainda são compostas de itens de baixo valor agregado (*commodities*: agroindústria, produtos siderúrgicos e petroquímicos), são controladas por capitais internacionais e parte importante acontece entre empresas do mesmo grupo. Segundo Almeida (2009):

> Acontece que mais da metade dos empréstimos do Banco Nacional de Desenvolvimento Econômico e Social (BNDES) direcionam-se para os setores de baixa e média-baixa tecnologia, setores nos quais já somos competitivos. Dados do Instituto de Pesquisa Econômica Aplicada (Ipea) mostram que, em 2007, 60% (R$ 15,2 bilhões) dos empréstimos do BNDES para a indústria foram para setores de baixa e média-baixa tecnologia. Esse percentual aumentou em relação a 2002, que era de 46,5%. Em 2008, dos 10 maiores empréstimos do BNDES para indústria, oito deles foram para frigoríficos, agroindústria e usinas de álcool.

Portanto, a PITCE vai de encontro à afirmativa de Furtado (2001), não implicando disseminação de tecnologia, mas apenas ampliando as exportações e superávit comercial. E, mais importante, favorecendo grandes capitais num movimento de ampliação de dependência externa. Ressalta-se, ainda, que em meio a irreversibilidade da mudança estrutural da indústria também não se pode esperar reversões significativas nos indicadores de emprego industrial.

A inovação e o desenvolvimento tecnológico também ficam reféns do movimento acima delineado. Castilhos (2005, p. 63), observa que "[...] é mais ou menos evidente que a maior parte das parcerias está voltada para adaptações locais de tecnologia importada, visto que a nova lei de patentes e o elevado custo da inovação colocam as multinacionais na liderança absoluta da inovação". Isto porque a inovação tecnológica está baseada na formação de Parcerias Público-Privadas tendo por objetivo a mera difusão de inovações já existentes. A autora conclui que "[...] no conjunto de medidas voltadas para a inovação tecnológica, não aparecem, em nenhum momento, incentivos ao desenvolvimento de tecnologias novas e adaptadas às necessidades da grande maioria das empresas brasileiras [...]". (CASTILHOS, 2005, p. 63)

Campanário *et al* (2006, p. 22), confirmam essa tendência ao constatarem que:

> [...] os programas e medidas governamentais dentro das políticas industrial e tecnológica estiveram sempre focadas em crédito e incentivos para aquisição de tecnologia, não gerando assim incentivos para produção de tecnologia dentro do país, fato que levou a indústria nacional a direcionar os dispêndios em inovação em sua maior parte para aquisição de máquinas e equipamentos.

Alguns autores, a exemplo de Lourenço (2008), avaliam o fraco resultado da PITCE afirmando que os objetivos eram bastante amplos, envolvendo simultaneamente elementos ligados a oferta e a demanda (investimento, mercado e tecnologia), ancorados em concessões de incentivos fiscais; mas, que não apresentavam uma especificação clara das compras governamentais. Faltou também uma agenda do governo federal para transformar em ações reais o que estava previsto no discurso da PITCE, bem como não se conseguiu autonomia suficiente das estruturas de Estado em relação aos interesses privados. Isso, por sua vez, decorre de problemas de coordenação entre os diversos ministérios, responsáveis pela sua implementação e controle, devido ao grande número de instituições e a multiplicidade de inter-relações e sobreposições estabelecidas.

Portanto, a PITCE não conseguiu articular as diversas instâncias públicas que concorreriam com seu êxito e não empolgou a iniciativa privada. O seu legado mais significativo foi a instituição de alguns marcos legais, tais como: Lei da Inovação (10.973/2004); Lei do Bem (11.196/2005); Lei da Biossegurança (11.105/2005) e Política de Desenvolvimento da Biotecnologia (6.041/2007). Estes, por sua vez, favoreceram alguns poucos setores da economia, juntamente com a criação de linhas de créditos do BNDES para esses mesmos setores (DIEESE, 2008).

No caso das relações entre política macroeconômica e a PITCE, observam-se alguns conflitos e inconsistências. Primeiro, as decisões sobre preços das mercadorias e a orientação dos investimentos externos são tomadas internacionalmente. Segundo, a política macroeconômica encontra-se submissa aos condicionantes que orientam o movimento internacional do capital. Terceiro, a política do governo é ortodoxa no âmbito do Ministério da Fazenda e do Banco Central. Lourenço (2008, p. 3), ainda acrescenta que:

No que diz respeito à equação macroeconômica, a intocabilidade da dobradinha câmbio baixo e juros altos, que estariam longe da convergência para a média internacional, permanece sendo o principal óbice à adesão do setor privado e ao deslanche de qualquer política industrial, por enfraquecer a competitividade das vendas externas, especialmente daquelas empresas mais dependentes da utilização de insumos nacionais, e dos programas direcionados à substituição de importações, e a capacidade de investimento do Estado, devido ao pronunciado comprometimento dos orçamentos públicos com os encargos da dívida mobiliária, o que exige a manutenção de enorme fardo tributário.

Finalmente, em maio de 2008, foi anunciada pelo governo brasileiro a Política de Desenvolvimento Produtivo (PDP). Esta política representa uma nova versão da PITCE, de certa forma ampliada particularmente no campo da desoneração tributária e de governança. A estrutura de governança tem por objetivo integrar diferentes áreas do governo e promover uma interlocução com o setor privado (empresários e trabalhadores). A gestão direta dos programas do PDP foi realizada a partir de 32 Comitês Executivos, compostos por técnicos de diversos órgãos governamentais, com a coordenação geral da PDP, a cargo do Ministro do Desenvolvimento, Indústria e Comércio Exterior (sob acompanhamento de um Conselho de Ministros e o apoio da Secretaria Executiva formada por ABDI, BNDES e Ministério da Fazenda).

No campo da desoneração tributária inicialmente destacam-se: 1) a redução do prazo de apropriação dos créditos tributários gerados na aquisição de bens de capital, relativos ao PIS/PASEP e à COFINS; a instituição da depreciação acelerada de máquinas e equipamentos utilizados na fabricação de bens de capital, em 20% do tempo normal, concedendo-se estímulo adicional à continuidade dos investimentos na indústria de bens de capital. Mais recentemente, em junho de 2009, foi anunciada a redução do IPI incidente sobre um novo conjunto de bens de capital.

Deve-se levar em conta que após duas décadas sem qualquer tentativa mais arrojada de se fazer política industrial no Brasil, as dificuldades enfrentadas pelo Governo Federal para estruturar o planejamento, a implementação e o monitoramento das ações de fomento não podem ser subestimados. O que por sua vez implica em que as medidas anunciadas não possam ser agrupadas num conjunto articulado e acabado. Juntamente com as armadilhas trazidas pela política macroeconômica, que impedem que a política industrial brasileira possa se antecipar e viabilizar as transformações necessárias, para um projeto nacional de desenvolvimento.

As desonerações fiscais não compensam a enorme valorização do câmbio e as altas taxas de juros. Serão necessárias medidas de cunho estrutural que envolva medidas legislativas e emendas constitucionais para viabilizar, por exemplo, uma reforma trabalhista e tributária, tão urgentes para fundamentação de uma política industrial efetiva. Ademais, na aparente falta de preocupação com a necessidade de atenuação das disparidades regionais desses documentos, existe sempre o perigo de se repetir, como no ciclo da substituição de importações, a concentração geográfica de investimentos, emprego e crescimento econômico. Pelas características apresentadas, a política industrial do governo Lula encerra uma contradição fundamental: embora fundamentada numa abordagem evolucionária vai em direção a mera correção de falhas de mercado, subjugando-se ao jogo do grande capital e mantendo o Brasil enquanto nação uma *construção interrompida*.

Não resta dúvida que é extremamente positivo o estabelecimento por parte do governo federal de um projeto de desenvolvimento. No entanto, formular uma política industrial sem tocar em questões cruciais para sua efetivação a torna ineficaz, frente aos desafios impostos à competitividade, e ao desenvolvimento nacional no cenário atual da economia mundial. Estas questões são relativas a excessiva valorização cambial, elevadas taxas de juros, ameaça de retomada da inflação, queda dos saldos comerciais, elevada relação dívida/PIB, perfil da dívida pública, baixa capacidade de investimento do setor público, confusa e injusta estrutura tributária, limitada disponibilidade e qualidade da infraestrutura (transporte, comunicação, energia, saúde, saneamento, educação, qualificação profissional). Adiciona-se a esses elementos o perigo da repetição da concentração geográfica dos investimentos e das oportunidades locacionais que não se mostram condizentes com a construção de uma nação democrática e equitativamente desenvolvida.

5.2. A política de atração de investimentos do estado do Ceará: 1987 a 2002

5.2.1. Mudanças institucionais

A partir de meados da década de 1980 do século passado, o governo do estado do Ceará passou por rápidas, profundas e, mais importante, contínuas transformações políticas e institucionais nos âmbitos administrativo, patrimonial e financeiro. As transformações políticas possibilitaram a ascensão de uma nova classe dirigente composta por um grupo de empresários com raízes e interesses radicados no Ceará, formado na esteira do processo de modernização econômica promovido pela SUDENE.

Esta transformação política possibilitou uma reorganização e reestruturação política e administrativa por meio de reformas e ações saneadoras e modernizadoras da máquina pública, através de um projeto não acabado de desenvolvimento, denominado por Bonfim (1999) de *singularidade cearense*. Justamente por antecipar a agenda de modernização da economia brasileira, processo também destacado por Pires Souza (2005).

Portanto, o processo que se iniciou em 1987 e, em certa medida, ainda acontece atualmente, apresenta-se emblemático para o estado do Ceará: marcado pelo protagonismo histórico de seus governos na busca de desenvolver capacidade de formulação e de implementação de um projeto estadual de crescimento e desenvolvimento econômico. Este item pretende analisar essas transformações políticas e institucionais. A primeira, traduzida numa mudança de mentalidade em relação a condução da administração pública e a segunda, relacionada a modernização das áreas de administração, planejamento, finanças e políticas públicas, em especial no setor industrial. Estes elementos deram sustentação a formulação de um projeto governamental de desenvolvimento estadual que continua inacabado, por ser entendido como processo de aprendizado institucional.

5.2.2. Transformações políticas

Para entender as transformações políticas ocorridas no Ceará em meados da década de 1980, faz-se necessário qualificar uma ordem de fatores que em maior ou menor grau contribuíram para tanto.[43] São fatores econômicos, políticos, institucionais e ideológicos, tanto de ordem interna quanto externa. Pela sua complexidade e estreito relacionamento não se permite afirmar que um deles isoladamente tenha atuado de forma decisiva ou determinante para o caminho de crescimento que trilhou o Ceará na década de 1990. Porém extrair dele uma teoria do desenvolvimento, como de qualquer caso de sucesso, é um exercício em termos teóricos frustrante. Isso porque, dimensionar o peso da política e da ideologia no processo torna-se impossível, dado que a combinação de semelhantes ideologias e força política de determinados grupos podem levar a resultados diferenciados, se não opostos em regiões de características semelhantes. No caso do Ceará, essa combinação de fatores resultou na legitimação de uma determinada ideologia, que embora possua um caráter oligárquico, possui também um caráter modernizador-desenvolvimentista. Ideologia que por sua vez foi gestada dentro de um grupo de empresários organizado no Centro industrial do Ceará (CIC)[44] e posteriormente disseminada na sociedade através de um projeto político, que a partir de 1982 se centrou explicitamente na conquista do estado como meio de expressão dos seus interesses.

O primeiro ponto a ser destacado dessa transformação política diz respeito ao ambiente político propício caracterizado pelo clima de insatisfação generalizada em face dos desmandos e a situação social e econômica desastrosa. No plano nacional, assistia-se à superação do regime militar, a instalação da Nova República e da Assembleia Nacional Constituinte. Este ambiente representou, particularmente para o Ceará, uma oportunidade histórica de mudança de hegemonia política, embora restrita às elites dominantes.

Foi essa desordem econômica e política do estado na década de 1980, a qual ameaçava os investimentos e às perspectivas futuras de negócios do empresariado local, que promoveu o rompimento da classe empresarial com a classe política mais tradicional do estado. O que por sua vez, revela uma importante característica do empresariado local: o seu poder de organização.[45] O CIC, congregava um grupo de jovens empresários, homogeneizados por categoria social e pelo treinamento, que veio a se constituir naquele momento no grupo político mais organizado e coeso com condições de ser a alternativa política após esta transição para o ambiente democrático com participação política (Parente, 2002). Como bem argumenta Bonfim (1992, p. 46):

> A situação política cearense no final da década de 1970 até a metade dos anos 80 sugeria a ação coletiva mobilizada pelo grupo do CIC, em especial sua entrada na disputa sucessória do governo estadual. Como resultado das lutas pelo poder, estabelecidas entre as maiores lideranças políticas estaduais durante o período ditatorial, o clientelismo e a patronagem tornaram-se as principais moedas políticas no estado, chegando a inviabilizar a administração pública no final do período governativo de 1982 – 1986, quando o Ceará encontrava-se virtualmente falido.

Em segundo lugar, apresenta-se como elemento fundamental nessa transformação, a postura modernizante desse grupo empresarial. Analisando os efeitos do artigo 34/18[46] e posteriormente do Fundo de Investimento do Nordeste (FINOR), sobre o comportamento do empresariado nordestino, especialmente dos estados da Bahia, Pernambuco e Ceará, Abu-El-Haj (1997, p. 331), observou que

> [...] o empresariado destes dois estados [Bahia e Pernambuco] vinculou-se a instituições públicas, assumindo uma postura conservadora e tutelada pelo Estado autoritário. Essencialmente, estes grupos permaneceram ligados à estrutura local tradicional e aos conceitos dominantes do coronelismo.

No Ceará, entretanto, o autor observou que diferentemente da Bahia e Pernambuco, o apoio do FINOR condicionou o surgimento de um empresariado autônomo do poder local, das instituições tradicionais e crítico do modelo de intervenção governamental do Estado brasileiro.

A explicação desses efeitos contraditórios da intervenção do Estado brasileiro no Nordeste, para o autor, foi determinada pela tipologia das indústrias financiadas e da "naturalidade" dos empresários envolvidos.

> Em Pernambuco e na Bahia 90% dos recursos foram destinados a indústrias de capital intensivo: metalurgia, química e material elétrico. No Ceará, contrariamente, a grande parcela dos incentivos fiscais foi destinada à indústria tradicional: têxtil, alimentícia e vestuários, e com predominância de empresas de médio porte [...] o fortalecimento da indústria tradicional no Ceará, o avanço tecnológico da indústria, a organização competitiva de empresas de médio porte, a adoção da concepção empresarial de Sociedade Anônima e a inserção competitiva nos mercados nacionais e internacionais foram elementos decisivos para moldar o comportamento político e a ideologia dos empresários do CIC (ABU-EL-HAJ, 1997, p. 329 e 331).

O empresariado cearense, de forma geral, e particularmente, os integrantes do Centro Industrial do Ceará – CIC, assumiram uma posição peculiar no Nordeste: de uma vanguarda política empresarial que colocou a ocupação do estado como alvo de sua atuação e intervenção social. Enquanto que a industrialização do Ceará estava sendo realizada, quase na sua totalidade por empresários cearenses, a industrialização da Bahia e de Pernambuco era realizada por empresários do Centro-Sul. Para Abu-El-Haj (1997, p. 331), "[...] o empresariado cearense representou o novo perfil de autonomia para com o Estado, através do enraizamento da Ética competitiva e do espírito concorrencial." Em resumo, o projeto político dos empresários do CIC divergiu da atuação corporativa patronal do empresariado brasileiro, como bem coloca Abu-El-Haj (1997).

> Diferentemente da Bahia e de Pernambuco, o desenvolvimento industrial do Ceará entre as décadas de 50 e 70 deveu-se basicamente à iniciativa privada local. Os grandes empreendimentos de investidores de fora da Região induzidos pelos incentivos federais localizaram-se quase que exclusivamente na Bahia e em Pernambuco [...] O Ceará, nesse período, foi excluído das alternativas locacionais consideradas pelos grandes empreendedores externos e, também, pelo Governo Federal [...] coloc[ando] o Ceará em posição de desvantagem em relação aos demais estados brasileiros (ROCHA, 2004, p. 59).

No entanto, é importante registrar que o governo do Ceará, mesmo na época dos "coronéis", já vinha implementando um conjunto de políticas públicas ligadas a infraestrutura e a indústria com expresso objetivo desenvolvimentista para compensar a baixa participação do estado nos recursos federais. No campo institucional a reação do governo do Ceará foi a criação, em 1962, da Companhia de desenvolvimento do Ceará – CODEC. Criada como uma empresa de economia mista, de controle acionário do estado e com a tarefa específica de promover a industrialização do Ceará. Esta tinha como objetivo contrabalançar os efeitos dos incentivos federais, optando pelas seguintes linhas de ação: construção de infraestrutura, criação de zonas (distritos) industriais e análise de oportunidades industriais. Em suma, o governo estadual estabeleceu como prioridades a implantação de infraestrutura, como, por exemplo, a oferta de serviços portuários, expansão da oferta de energia elétrica e da malha viária do estado que viesse a atender o setor industrial.

> A necessidade de uma instituição estadual com as características da CODEC resultou da observação, pelo governo estadual, da atuação das agências regionais de desenvolvimento, que, por mais rigorosas e anti-clientelistas que fossem, terminavam por alocar seus recursos em maior escala nos Estados da Bahia e de Pernambuco, por serem aqueles que ofereciam uma nítida vantagem em termos de infraestrutura, mercados locais e regionais, pela maior proximidade com o Centro-Sul (EWBANK ROCHA, 1988, p. 26).

Portanto, no estado do Ceará, a preocupação com a atração de indústrias é registrada desde meados de 1960 do século passado, com a criação da CODEC e na formulação do primeiro plano de governo estadual, o Plano de Metas Governamentais – PLAMEG[47], do Governo Virgílio Távora (1963-1967). É possível observar, neste primeiro plano de governo, uma incipiente abordagem de política industrial por parte do poder público local. Complementarmente, foram criados órgãos e empresas estatais que deveriam se ocupar da promoção do desenvolvimento industrial, atuando no planejamento e na execução de metas estabelecidas. Assim, além da CODEC, foram criadas a Superintendência de Desenvolvimento do Ceará – SUDEC e o Banco do Estado do Ceará – BEC. A atribuição da primeira era a de Planejar e orientar o desenvolvimento econômico e social e a do BEC de Executar as operações bancárias necessárias aos programas de investimentos.[48]

Esse esforço de industrialização do Ceará ganhou novo impulso em 1979, com a Lei que deu lugar à Política de Atração de investimentos e a criação do Fundo de Desenvolvimento Industrial – FDI[49], mais tarde reformulado e transformado no principal mecanismo da política de atração de investimentos dos "governos mudancistas". A criação deste instrumento foi influenciada diretamente pelo III Polo Industrial do Nordeste. Programa lançado pelo governo federal visando a alterar a concentração de investimentos, em favor do Ceará, já que as empresas industriais atraídas pela SUDENE se localizaram principalmente nos estados de Pernambuco e Bahia.

Em síntese, observa-se que foi um conjunto de circunstâncias bastante particular que provocou uma mudança de trajetória no estado do Ceará em meados da década de 1980. Estado atrasado, oligárquico, que não participou da fase áurea do poder nordestino, mas que encontrou na ação da Sudene, na segunda metade de 1970, a oportunidade de dar início a transformação da sua estrutura produtiva orientada através da presença marcante do empresariado local. Neste sentido, inclusive antecipando o Brasil dos anos 1990: adoção dos preceitos neoliberais de redução do tamanho do Estado e de modernização e racionalização do aparato burocrático; privatizações e a terceirização de serviços e; controles administrativo-financeiros intensificados com vistas a liberar recursos para investimentos em infraestrutura econômica e também para fazer frente aos encargos financeiros decorrentes de operações de crédito contraídas interna e externamente. (Pires Souza, 2005)

5.3.3. Resultados da política industrial do estado do Ceará

No período de 1989 a 2002, o Ceará obteve o melhor desempenho em relação ao aumento do número empregos na indústria extrativa e de transformação, dentro do Nordeste. Enquanto no Nordeste houve uma redução de 0,6% do número de empregos, o Ceará registrou um aumento de 46,7%, o que corresponde a 50.099 novos postos de trabalho. Vale registrar que Alagoas, o estado que mais aumentou emprego depois do Ceará, somente gerou 12.963 novos postos.[50]

Comparando o Ceará com as duas outras maiores economias da região, observa-se o seguinte fenômeno. Em 1989, O Ceará empregava 107.271 trabalhadores na indústria extrativa e de transformação, Pernambuco 223.473 e Bahia, 123.149. Depois de 13 anos de execução da política industrial, o Ceará passou a empregar 157.370, Pernambuco 134.493 e Bahia, 127.459. Portanto, o Ceará conseguiu tornar-se o estado do Nordeste maior empregos na indústria extrativa e de transformação.

Nesse período, o Ceará mais que dobrou o número de estabelecimentos da indústria extrativa e de transformação, passando de um total de 2.845, em 1989, para 6.548, em 2002, ultrapassando o estado de Pernambuco (3.550 para 6.157, respectivamente), e aproximando-se da

Bahia (3.632 para 7.022), o estado mais desenvolvido da região.

A indústria calçadista saiu de uma participação inexpressiva na pauta de exportações, no ano de 1995, e veio apresentando, desde então, sucessivos incrementos nos valores exportados. Em 2001, foi o principal produto de exportação do estado. Na indústria de alimentos destaca-se a atração de empresas ligadas a carcinicultura. Entre 1995 e 2001, foram atraídas 16 empresas que contribuíram para aumentar o valor das exportações de camarão de US$ 6,2 milhões (1999), para US$ 54,0 milhões em 2002. Destacam-se, ainda, na pauta de exportações, as atividades relacionadas a produtos de algodão, peles e couros, entre outros.[51]

Em relação a pauta de importações, o movimento mais significativo decorrente da política industrial está relacionado a importação de máquinas e equipamentos:

> [...] é fácil ver que o crescimento das importações estaduais decorreu principalmente da abertura comercial no início dos anos 1990. É possível, todavia, afirmar que as compras externas de alguns produtos, tais como bens de capital e alguns insumos, sofreram um impacto mais direto da política industrial do Estado, uma vez que diversas empresas instaladas no Ceará tiveram de adquirir máquinas e equipamentos para suas linhas de produção, sendo razoável supor que parte destas máquinas foi adquirida no Exterior. [52]

Pontes (2003), conclui que houve três transformações importantes na economia estadual em decorrência da política industrial do Ceará. A primeira, verificada na composição do PIB estadual que o autor credita a modificação do FDI-PROVIN, em 1995, e que teve um papel relevante na retomada do crescimento industrial. A segunda, observada na pauta de produtos exportados pelo Ceará entre os anos de 1990 e 2002, na qual os setores que mais contribuíram para o crescimento das exportações cearenses foram beneficiados por investimentos atraídos pelo FDI-PROVIN. A terceira e última, relacionada ao crescimento das importações de alguns insumos e de bens de capital utilizados pela indústria cearense.

Entretanto, os resultados acima só fazem sentido se examinados dentro de um contexto mais amplo: da guerra fiscal brasileira. Ao analisar os efeitos da guerra fiscal, Varsano (2001), primeiro considera que as políticas industriais descentralizadas são inspiradas em legitimas aspirações dos governos estaduais de reduzir as disparidades do seu nível de desenvolvimento, mediante expansão acelerada da produção, do nível de emprego e da renda em seus respectivos territórios. Entretanto, considerando que essas políticas sejam fundamentadas em incentivos fiscais, na medida em que a prática se espraia, todos ou quase todos disputando os investimentos, sua eficiência se esvai. E por fim, nos estágios finais da guerra fiscal, todas as batalhas são vencidas pelos estados mais desenvolvidos.

Ferreira (2000), vai ainda mais longe, ao analisar indiretamente o caso do Ceará, destaca que:

> 1) incentivos tributários são viesados para grandes firmas: a razão é que existem substanciais custos de transação em buscar e obter incentivos. Somente grandes firmas são capazes de suportar esses custos.
> 2) Projetos aprovados tendem a ser intensivos em capital, ou seja, tem proporções capital/trabalho muito altas.

3) incentivos baseados em ICMS discriminam contra firmas estabelecidas. Isto decorre da ideia de atrair novas firmas para o Estado. Consequentemente, cria-se uma vantagem artificial para firmas entrantes no mercado. As firmas estabelecidas, assim, acabam migrando para Estados vizinhos (usufruindo de benefícios similares) para exportar para o Ceará a preços mais vantajosos, mesmo apesar dos custos de transporte.

4) "o esquema gera uma possível tendência para postergar modernização ou investimento de expansão da planta por firmas funcionando sob regime de incentivos fiscais." Investe-se em atividades lobistas para manter vantagens fiscais por mais tempo, em vez de se investir em escala ou melhoria de produtos. O estudo, contudo, não apresenta fortes evidências de que isto de fato esteja ocorrendo [...]

5) desenvolvimento de atividades *rent-seeking*, que sobrevivem em função da multiplicidade e confusão dos critérios para elegibilidade para os benefícios (gastos com contabilidade, advogados e lobistas estão entre estas atividades).

6) distorções locacionais: firmas escolhem sua localização baseado em incentivos fiscais e não em função da oferta de fatores de produção disponível. Existe um custo econômico invisível, que consiste na perda de produtividade do capital da firma, compensada pelo incentivo fiscal. Assim, o contribuinte local carrega o peso deste custo econômico, seja porque a oferta local de bens públicos cai ou porque algum imposto é aumentado para compensar pela perda de arrecadação.

7) distorção na composição do gasto público. Isto é, em estágios avançados a guerra fiscal passa a se dar em torno dos dispêndios em infraestrutura, em detrimento do gasto social, aumentando a regressividade do gasto público [...] Estados mais

ricos tem óbvia vantagem, quando a competição interestadual atinge este estágio.

8) distorção das vantagens comparativas: um exemplo seria o Estado de Piauí dar isenção fiscal para uma instalação de uma planta fabricante de fibra ótica (com alto conteúdo tecnológico), ao custo de um aumento do ICMS para os produtores de óleo de babaçu.

Para fechar esse conjunto de críticas, Viol (1999), resume que na luta pela atração de novos investimentos, os estados renunciam ao controle de seus próprios instrumentos de governabilidade, reduzindo salários, impostos, benefícios sociais e controles ambientais para tornarem-se mais competitivos. Entretanto, os resultados dessa pesquisa revelam outra realidade.

Não se pode negar que um desenvolvido calcado em incentivos fiscais não traga problemas para o País, como trouxe também a política de desenvolvimento regional, a partir dos anos setenta do século passado. É inegável que esta tenha gerado crescimento, mas foi um crescimento altamente concentrado inter e intrarregionalmente, como confirma a análise dos PIB's totais e industriais, estabelecimentos e empregos. A diferença agora é que os resultados se dão numa esfera espacial menor, em vez de regional o campo é estadual. Esse modelo, construído no vazio de um equilíbrio estrutural e sem nenhuma coordenação por parte do poder central, certamente não resolverá o problema dos estados mais pobres da federação, nem do desenvolvimento equilibrado do País, no longo prazo.

Segundo Piancastelli e Perobelli (1996), todos os estados brasileiros têm concentrado mais esforços em políticas voltadas à atração de investimentos e à geração de empregos baseadas em concessões fiscais derivadas do ICMS. Mas, a efetividade desta política é diferenciada para cada estado, e somente em circunstâncias particulares ela é vitoriosa. Em complemento, o sucesso destas políticas não pode ser creditado somente aos incentivos fiscais. E o Ceará, por ser um caso de sucesso, torna evidente esta constatação.

Foi necessária toda uma transformação institucional para que uma política industrial, via incentivos fiscais, apresenta-se resultados efetivos no Ceará. O sucesso que foi obtido certamente contribui para desmitificar as assertivas colocadas acima, sobre os resultados da guerra fiscal, não sem qualificações, todavia. Não houve uma corrida das indústrias de estados menos desenvolvidos do Nordeste para o Ceará. Os investimentos realizados vieram em grande parte de regiões mais desenvolvidas do País. Gerou-se indiretamente oportunidade para o capital local, pois elevada parcela das empresas incentivadas foram do próprio estado. Não beneficiou somente grandes investimentos, pois participação também de empresas cearenses incentivadas. Foram atraídas empresas de outros países em vários setores industriais com elevada participação na parcela de investimento. Contribuiu, ainda que, de forma isolada, para a desconcentração produtiva. Houve um importante aumento no emprego industrial. Não se tornou mais dependente dos repasses da União. Não comprometeu o orçamento do estado, pelo menos do modo preconizado pelos críticos dos incentivos. Sobre este ponto, Alves (2001, p. 83), esclarece que:

> [...] a conexão entre a guerra fiscal e as finanças estaduais não pode ser feita de forma direta, pois os

impacts nos orçamentos estaduais dependem da natureza dos instrumentos utilizados. Se os principais instrumentos utilizados forem orçamentários, os impactos sobre os orçamentos estaduais tendem a ser maiores. Contrariamente, se o principal instrumento utilizado for o ICMS, os custos fiscais estaduais tendem a ser menores (embora não sejam desprezíveis). A análise desenvolvida em todo o trabalho e os resultados encontrados no exercício empírico, mostram que o uso do ICMS tem sido o responsável pelo maior volume de incentivos oferecidos no âmbito da guerra fiscal, o que, portanto, diminui sensivelmente o impacto orçamentário dos programas de subsidiamento.

Portanto, o que se constatou foi que os incentivos fiscais quando combinados com uma organização eficiente da máquina administrativa, mesmo em regiões pobres pode fazer uma grande diferença, em termos de impactos positivos sobre a sua economia, desencadeados pela indústria. Os dados relativos aos PIB's total e industrial, estabelecimentos industriais, setores, empregos, origem dos investimentos suportam estes resultados.

Nada existiu de errado na estratégia do Ceará na busca pelo crescimento. Entretanto, como o País constitui-se de uma federação, não se pode deixar os estados a espera de um conjunto de circunstâncias particulares, como ocorreu no Ceará, nem tampouco presos a uma estratégia do 'salve-se quem puder', como vem ocorrendo no Brasil após a descentralização.

Segundo Filho (1999), a descentralização fiscal não pode ser confundida com a ideia de federalismo. O federalismo digno de seu nome deve mobilizar quatro noções-chave, a saber: autonomia, cooperação, equilíbrio estrutural; e coordenação. O primeiro refere-se a autogestão garantida institucionalmente pela Constituição às partes federadas. O segundo, a responsabilidade que cabe a cada subsistema na gestão do País inteiro, por sua vez, diretamente relacionada a noção de "cooperação pactuada", das ações entre os estados federados. Equilíbrio estrutural e coordenação são funções exclusivas de responsabilidade do governo federal ou da União e devem ir além daquelas funções clássicas definidas pela teoria das finanças públicas.

As condições que possibilitaram o sucesso do Ceará, de certo são bastante peculiares. Não se pode esperar que situações semelhantes ocorram por todo o País. Nesse contexto, um novo pacto federativo deve ser estabelecido para que em condições normais, os estados da federação possam estabelecer políticas eficientes de desenvolvimento.[53]

Dentre os estados do Nordeste, somente o Ceará conseguiu elevar o emprego em todos os setores da indústria extrativa e de transformação no período considerado pela pesquisa.

Comparando-se Ceará e Bahia, mais uma vez, observa-se que o aumento dos empregos gerados em relação aos novos estabelecimentos foi mais que proporcional para o primeiro. O Ceará com a implantação de 30.795 estabelecimentos gerou 241.885 postos de trabalho, enquanto a Bahia implantou 63.892 estabelecimentos e gerou 389.913 postos de trabalho. Ou seja, uma proporção de 7,9 empregos por estabelecimento para o Ceará contra 6,1 empregos por estabelecimento para a Bahia. De qualquer forma estes números revelam também o tamanho da desproporção existente entre a primeira e a terceira economia do Nordeste, bem como desta última e as outras seis economias da região.

As políticas regionais no Brasil foram pensadas sempre em termos de regiões. Estas políticas favoreceram o crescimento econômico, mas também provocaram aumento da desigualdade entre os estados de uma mesma região e essa situação apresenta-se bastante grave no Nordeste brasileiro.

O período que cobre esta pesquisa corresponde ao estabelecimento de uma nova matriz constitucional no País, iniciada com a promulgação da Constituição de 1988, e que aumentou a autonomia dos estados para estabelecerem suas próprias políticas de desenvolvimento. Todavia, isso não significou, como observado, avanços significativos em termos de crescimento econômico e desconcentração produtiva, principalmente para estados mais pobres da região Nordeste. Portanto, é premente a necessidade de uma nova política de desenvolvimento regional no Brasil. Um país não pode desenvolver-se na desigualdade. Pelo contrário, níveis elevados de desigualdade inter e intrarregionais dificultam a trajetória em direção ao desenvolvimento econômico.

6. Notas conclusivas

O tema da política industrial tem suscitado debates acalorados entre as duas correntes principais da economia: o desenvolvimentismo e o liberalismo. Há várias abordagens teóricas sobre o tema que se diferenciam, em grande medida, pela prescrição de uma maior ou menor intensidade de intervenção do Estado no mercado. Nesse sentido, a posição que parece mais razoável é não seguir uma linha teórica específica, mas sim, levar em consideração os aspectos mais relevantes das diversas posições e incluí-los em uma proposta de uma política industrial, denominada por Além, Barros e Giambiagi (2002) de "política industrial pragmática". Portanto, a participação do Estado-nação na promoção das atividades produtivas de um país tem sido um tema pleno de controvérsias, que tem envolvido um considerável esforço teórico, tanto por parte dos especialistas adeptos a um maior ativismo quanto por parte dos contrários. Nos últimos anos, alguns resultados contribuíram para dar bases mais substantivas à defesa da política industrial: 1) o sucesso do desenvolvimento asiático na década de 1980, que forçou os economistas a incluírem as instituições públicas nos modelos de desenvolvimento; 2) a importância do progresso técnico e do aprendizado como fontes de eficiência (retornos crescentes de escala associados ao avanço do progresso técnico, que implicam espaços justificáveis para a ação do Estado); 3) o entendimento que há restrições ao funcionamento do mercado sob as quais se dá a atuação do Estado, tais como: a existência de racionalidade limitada, de informação imperfeita e de interesses múltiplos, que implicam maiores espaços para entender e melhorar a qualidade da ação pública; 4) o fato de a década de 1990 ter demonstrado que somente a estabilidade macroeconômica não se apresenta como condição suficiente para promover a mudança estrutural da economia e do padrão exportador do país em termos dinâmicos.

Em resumo, seja através do reconhecimento da importância das instituições, das questões relacionadas ao progresso técnico ou ao funcionamento dos mercados, há justificativas suficientes que demonstram a responsabilidade histórica do Estado-nação e das suas unidades no processo de transformação econômica da sociedade. Neste sentido, a questão mais adequada não seria referente a *quanto* o Estado intervém, mas sim ao *tipo* de intervenção e aos seus possíveis desdobramentos.

No caso das posições menos intervencionistas, a defesa das ações do governo apenas é justificada para a correção das falhas de mercado: 1) a existência de economias de escala; 2) a existência de externalidades; 3) a existência de bens públicos; 4) informação imperfeita e assimétrica; e 5) incerteza. Segundo esta corrente, ainda que a existência destas falhas justifique a execução de uma política industrial por parte do governo, esta não deveria ser utilizada. Isto porque a existência de falhas de governo poderia levar a uma situação em que a intervenção estatal provocasse ainda maiores prejuízos ao mercado.

A intervenção do Estado, segundo a teoria tradicional, também se justificaria em nível regulatório (defesa da concorrência), principalmente, no que diz respeito ao comércio exterior. Em geral, este grupo de teóricos defende a especialização dos países nos setores nos quais possuam vantagens comparativas reveladas, que estando dadas para cada país não poderiam ser modificadas ou se alterariam apenas com determinadas políticas horizontais.

Por outro, as abordagens mais intervencionistas defendem um papel mais ativo do Estado, no qual a política industrial pode ter um papel fundamental na construção de vantagens comparativas dinâmicas em oposição às vantagens comparativas estáticas. Para isso, o principal instrumento seria o conhecimento e a inovação tecnológica, vista como principal elemento dinamizador da atividade econômica capitalista. Logo, o principal objetivo de uma política industrial seria aumentar a competitividade sistêmica, criando um ambiente favorável à busca de concorrência entre as firmas. A política industrial assume um papel estratégico à medida que permite a coordenação dos agentes produtivos que precisam tomar decisões cruciais como investir e/ou inovar em um ambiente permeado de incerteza quantos aos resultados futuros de suas decisões, como esclarecem Além, Barros e Giambiagi (2002), por exemplo.

Posto isto, o desenvolvimento e o impacto da política industrial dependem de um conjunto complexo de interdependências socioinstitucionais que condicionam as trajetórias nacionais. Mas, as variações nas relações Estado-sociedade e na organização interna do Estado criam diferentes graus de capacidade para promover o desenvolvimento e as consequências da intervenção do Estado dependem de que tipo de intervenção é tentada, o tipo de Estado e o seu contexto. E este contexto, refere-se a um novo padrão de acumulação capitalista que vem desafiando a implementação de políticas de desenvolvimento industrial e tecnológico e exigindo transformações nas esferas econômica, política e social, que possibilitem acompanhar as tendências desse novo regime de acumulação. No seu conjunto, ele vem sendo denominado de Nova Economia, ou Economia do Aprendizado e do Conhecimento ou, ainda, Regime de Acumulação dominado pelas Finanças. Dentro do referencial aqui enfocado essas políticas devem considerar as inovações tecnológicas e a difusão territorial dessas inovações, a responsabilidade dos governos regionais e locais sobre os problemas territoriais, e a adoção de medidas para o desenvolvimento dos serviços de apoio à produção.

Por fim, o grande desafio que se apresenta a corrente institucionalista e evolucionária será em como articular a institucionalidade uma política industrial moderna, que além de envolver capacidades adicionais de produção, envolva também, em conjunto, outras capacidades fundamentais, tais como: comerciais, tecnológicas, financeiras e inovativas. Existe, ainda, uma tensão entre *congruência* e *isomorfismo*, segundo Burlamaqui e Fagundes, e *autonomia* e *inserção social* conforme Evans, que devem ser resolvidas (como discutido em outro livro sobre Estado e política industrial). Isso, ao mesmo tempo, tanto em nível local quanto em nível nacional, e ainda entre estes dois níveis de governo, para que seja possível viabilizar qualquer projeto de desenvolvimento nacional no contexto de uma economia globalizada.

7. Referências

ABUT-EL-HAY, Jawdat. Classe, poder e administração pública no Ceará. In: **A era Jereissati**: modernidade e mito. Parente, Josênio e Arruda, José Maria (Org). Fortaleza: Edições Demócrito Rocha, 2002.

________. Neodesenvolvimentismo no Ceará: autonomia empresarial e política industrial. **Revista Econômica do Nordeste – REN**, Fortaleza, v. 28, n. 3, p. 325-345, jul/set, 1997.

AFFONSO, Rui. Os Estados e a descentralização no Brasil. CEPAL/PNUD/GTZ: Santiago, 1997.

ALÉM, Ana Cláudia; BARROS, José Mendonça de; GIAMBIAGI, Fábio. Bases para uma política industrial moderna. In: Fórum Nacional, 14. Estudos e Pesquisas n. 22. INAE: Rio de Janeiro, 2002.

ALMEIDA, Eduardo Simões de. Mudança institucional e estrutural na economia brasileira do início dos anos noventa. **Análise Econômica**, ano 17 n. 31, março 1999.

ALVES, Maria Abadia da Silva. Guerra fiscal e finanças federativas no Brasil: o caso do setor automotivo. Dissertação (Mestrado em Economia), Instituto de Economia: Universidade Estadual de Campinas – Unicamp, São Paulo, 2001.

ANDRADE, T. A. e SERRA, R.V. (Des)concentração espacial da indústria brasileira: possibilidades e limites da intervenção. In: Encontro da Associação Nacional de Pós-Graduação em Economia. Anais..., Belém, ANPEC, 1999.

BAPTISTA, Margarida Afonso Costa. Política industrial: uma interpretação heterodoxa. Campinas, SP: Unicamp.IE, 2000. (Coleção Teses).

BARREIRA, Irlys Alencar Firmo. Pensamentos, palavras e obras. In: A era Jereissati: modernidade e mito. PARENTE, Josênio; ARRUDA, José Maria (Org). Fortaleza: Edições Demócrito Rocha, 2002.

BIELSCHOWSKY, Ricardo. Investimentos na indústria brasileira depois da abertura e do real: o mini-ciclo de modernizações, 1995-1997. CNI/CEPAL: Brasília, 1999.

BONELLI, Regis. Emprego industrial recente: novos resultados, velhas controvérsias. Revista brasileira de comércio exterior, v. 13, n. 62, jan./mar, 2000.

________. Políticas de competitividade industrial no BRASIL — 1995/2000. Texto para discussão n. 810. Rio de Janeiro: IPEA, 2001.

________; VEIGA, Pedro da Motta e BRITO; Adriana Fernandes de. As políticas industrial e de comércio exterior no Brasil: rumos e indefinições. Texto para discussão n. 527. Rio de Janeiro: IPEA, 1997.

BONFIM, Washignton Luis de Souza. Qual mudança? Os empresários e a Americanização do Ceará. Tese (Doutorado em Ciência Política), Instituto Universitário do Rio de Janeiro: IUPERJ, 1999.

________. De Távora a Jereissati: duas décadas de política no Ceará. In: A era Jereissati: modernidade e mito. PARENTE, Josênio; ARRUDA, José Maria (Org). Fortaleza: Edições Demócrito Rocha, 2002.

BRAGA, José Carlos de Souza. Financeirização global: o padrão sistêmico de riqueza no capitalismo contemporâneo. In: TAVARES, Maria da; FIORI, José Luís. **Poder e dinheiro**: uma economia política da globalização. 4ª ed. Rio de Janeiro: Vozes, 1997.

BRITO, Adriana Fernandes de; BONELLI, Regis. Políticas industriais descentralizadas: as experiências europeias e as iniciativas subnacionais no Brasil. Texto para discussão n. 492. Rio de Janeiro: IPEA, 1997.

BURLAMAQUI, Leonardo. Capitalismo organizado: uma interpretação a partir de Schumpeter, Keynes e Polanyi. Tese (Doutorado em Economia), Instituto de Economia, Universidade Federal do Rio de Janeiro – UFRJ, 1995.

________; FAGUNDES, Jorge. Notas sobre a diversidade e regularidade no comportamento dos agentes econômicos: uma perspectiva neo-schumpeteriana. In: **Estratégias empresariais na indústria brasileira**: discutindo mudanças. Antonio Castro, Barros de; Possas, Mário L.; Proença, Adriano (Orgs). Forense Universitária: Rio de Janeiro, 1996.

industrial. In: FLEURY, Tereza Leme e FLEURY, Afonso. Política industrial, v. 1. São Paulo: Publifolha, 2004. (Coleção Biblioteca Valor)

CAMPOLINA DINIZ, Clélio. A nova configuração urbano-industrial no Brasil. In: Encontro da Associação Nacional de Pós-Graduação em Economia. Belém: anais ANPEC, 1999.

__________. Global-Local: interdependências e desigualdade ou notas para uma política tecnológica e industrial regionalizada no Brasil. Estudos Temáticos, Nota Técnica 9. IE/Redesist: Rio de Janeiro, 2000.

__________; CROCCO, M. A. Reestruturação econômica e impacto regional: o novo mapa da industrial brasileira. Nova Economia, v. 6, n. 1, julho, 1996.

__________. Economia regional e urbana: contribuições teóricas recentes. Belo Horizonte: Editora UFMG, 2006.

CARVALHO, José Raimundo; BARRETO, Flávio Ataliba; OLIVEIRA, Victor Hugo de. O Fundo de Desenvolvimento Industrial do Ceará: uma avaliação econométrica com dados em painel para o período de 1995 a 2001.

CASTILHOS, C. C. Contradições e limites da política industrial do governo Lula. Indicadores Econômicos FEE, Porto Alegre, 2005.

CERQUEIRA, Hugo E. A. da Gama. A economia evolucionista: um capítulo sistêmico da teoria econômica? **Análise Econômica**, Porto Alegre, v. 20, n. 37, p. 55-79, 2002.

CHANG, Ha-Joon. An Institutionalist Perspective on the Role of the State - Towards an Institutionalist Political
110

Economy. In: L. Burlamaqui, A. Castro & H-J. Chang (eds.). Institutions and the Role of the State. Edward Elgar, 2000.

________. Chutando a escada: a estratégia do desenvolvimento em perspectiva histórica. São Paulo: UNESP, 2004.

________. Rompendo o modelo: uma economia política institucionalista alternativa à teoria neoliberal do mercado e do Estado. In: ARBIX, Glauco et al (Orgs). **Brasil, México, África do Sul, Índia e China**: dialogo entre os que chegaram depois. São Paulo: UNESP, 2002.

________; EVANS, Peter. The Role of Institutions in Economic Change. In: **The Meeting of the "Other Canon" group Venice**, Italy, January, 2000.

COIMBRA, Ricardo Aquino. Perfil da nova indústria do Ceará no período 1991-1995: determinantes da composição espacial e setorial. Dissertação (Mestrado em Economia), Universidade Federal do Ceará UFC/CAEN. Fortaleza, 1998.

CONCEIÇÃO, Octavio A. C. Instituições, crescimento e mudança na ótica institucionalista. **Teses FEE**; n. 1. Porto Alegre: Fundação de Economia e Estatística Siegfried Emanuel Heuser, 2001.

________. O conceito de instituição nas modernas abordagens institucionalistas. **Revista de Economia Contemporânea**. Rio de Janeiro, 6(2): 119-146, jul./dez. 2002a.

________. A relação entre processo de crescimento econômico, mudança e instituições na abordagem institucionalista. Porto Alegre: Fundação de Economia e

Estatística – FEE (1º Encontro de Economia Gaúcha), 2002b.

________. Elementos para uma teorização apreciativa institucionalista do crescimento econômico: uma comparação das abordagens de North, Matthews e Zysman.

CÓSSIO, Fernando Andrés Blanco. Estresse Fiscal como Determinante da Elevação do Esforço de Arrecadação Tributária dos Governos Estaduais Brasileiros. Instituto de Pesquisa Econômica Aplicada. 2004.

COSTA, Liduina Farias Almeida da. O Nordeste e a globalização: posicionamento dos empresários-políticos cearenses. Tese (Doutorado em Sociologia), Universidade Federal do Ceará, 2000.

CUI, Zhiyuan. O papel do Estado na economia: um exame teórico sobre o caso Chinês. In: ARBIX, Glauco et al (Orgs). **Brasil, México, África do Sul, Índia e China**: dialógo entre os que chegaram depois. São Paulo: UNESP, 2002.

DIAS, Francisco Régis Cavalcanti; HOLANDA, Marcos Costa; FILHO, Jair do Amaral. Base conceitual dos critérios para concessão de incentivos para investimento no Ceará (FDI). Nota Técnica n. 3. Governo do Estado do Ceará/Secretaria do Planejamento e Coordenação (Seplan)/Instituto de Pesquisa e Estratégia Econômica do Ceará (Ipece). Fortaleza, 2003.

DIEESE. **Política Industrial no Brasil**: O que é a nova política industrial. Nota técnica. São Paulo, 2007.

DINIZ, Eli. Empresários, interesses e mercado: dilemas do desenvolvimento no Brasil. Belo Horizonte: Editora UFMG: Rio de Janeiro: IUPERJ, 2004.

________. Globalização, reformas econômicas e elites empresariais: Brasil anos 90. Rio de Janeiro: Editora FGV, 2000.

________. Governabilidade e democracia: os desafios da construção de uma nova ordem no Brasil dos anos 90. In: Reforma do Estado e democracia no Brasil: dilemas e perspectivas. DINIZ, Eli e AZEVEDO Sérgio (Org). Editora Universidade de Brasília: Brasília, 1997.

DOSI, Giovanni. Instituitions and markets in a dynamic world. The Manchester School, 65 (2), junho, 1998.

ERBER, Fábio Stefano. O padrão de desenvolvimento industrial e tecnológico e o futuro da indústria brasileira. **Revista de Economia Contemporânea**. Rio de Janeiro, v. 5, n. especial, 2001.

________; CASSIOLATO, José Eduardo. Política industrial: teoria e prática no Brasil e na OCDE. **Revista de Economia Política**. Vol. 17, n. 2 (66), abril/junho, 1997.

EVANS, Peter B. Análise do Estado no mundo neoliberal: uma abordagem institucional comparativa. **Revista de Economia Contemporânea**. Rio de Janeiro, nº 4, jul.- dez 1998.

________. Autonomia e parceria: Estados e transformação industrial. Rio de Janeiro: Editora UFRJ, 2004.

EWBANK ROCHA, Euripedys. O caráter inovador do Fundo de Desenvolvimento do Ceará. UFC-CAEN. TD 97. 1991.

FARIAS, Airton de. A geração Cambeba. In: Os pecados capitais do Cambeba. Bruno, Artur, Farias, Airton de e Demétrio Andrade. Fortaleza: Editora Expressão Gráfica, 2002.

________. História do Ceará: dos índios a geração Cambeba. Fortaleza: Tropical, 1997.

FARINA, Maria Mercier Querido, AZEVEDO, Paulo Furquim de e SAES, Maria Sylvia Macchione. Competitividade: mercado, Estado e organizações. São Paulo: Editora Singular, 1997.

FEITOSA, Paulo César Machado. A idéia de política industrial. Cadernos de Economia. Belo Horizonte. v. 1, n. 5, fev, 1992.

FERNÁNDEZ, Victor Ramiro. Estratégia(s) de desarrollo regional bajo el nuevo escenario global-local: revisión crítica sobre su(s) potencialidad(es) y límites. EURE (Santiago), v. 27, n. 82. Santiago, 2001.

FERREIRA, Sérgio Guimarães. Guerra fiscal: competição tributária ou corrida ao fundo do tacho? Informe BNDES, n. 4, 2000.

FIANI, Ronaldo. Estado e economia no institucionalismo de Douglass North. **Revista de Economia Política**, vol. 23, n. 2 (90), abril-junho/2003.

________. Uma avaliação crítica da teoria do *rent seeking*. Seminário de Pesquisa IE/UFRJ, Rio de Janeiro, 2003.

________. Estado e instituições econômicas: uma discussão crítica das versões modernas de ordem espontânea na economia. Tese (Doutorado em Economia), Instituto de

Economia, Universidade Federal do Rio de Janeiro – UFRJ, 2002.

__________. Uma avaliação crítica da teoria do *rent seeking*. In: Seminário de Pesquisa IE/UFRJ, Rio de Janeiro, 2003.

FILHO, Jair do Amaral. Desenvolvimento regional endógeno em um ambiente federalista. IPEA: PLANEJAMENTO E POLÍTICAS PÚBLICAS N° 14 - Dez. de 1996.

__________. Incentivos fiscais e políticas estaduais de atração de investimentos. Nota Técnica n. 8. Governo do Estado do Ceará/Secretaria do Planejamento e Coordenação (Seplan)/Instituto de Pesquisa e Estratégia Econômica do Ceará (Ipece): Fortaleza, 2003.

__________. O Quadrilátero do federalismo: uma contribuição para a compreensão do federalismo imperfeito no Brasil. Revista Econômica do Nordeste - REN, Fortaleza, v. 30, n. especial 876-895, dezembro 1999.

__________; CIALDINI, Alexandre. Aspectos fiscais do federalismo brasileiro. In: Finanças Públicas: esse assunto é da sua conta. Encarte do Jornal Diário do Nordeste - 27/10/2004.

FIORI, Stefano. Alternative Visions of Change in Douglass North's New Institutionalism. Journal of Economic Issues, vol. 36, 2002.

FLEURY, Tereza Leme e FLEURY, Afonso. Por uma política industrial desenhada a partir do tecido industrial. In: FLEURY, Tereza Leme; FLEURY, Afonso. Política industrial, v. 1. São Paulo: Publifolha, 2004. (Coleção biblioteca valor)

FRISCHTAK, Cláudio R. As bases da política industrial: aspectos estruturais e setoriais. In: Mathieu, Hans; OLIVEIRA, Marco Antonio de (Orgs). A nova política industrial: o Brasil no novo paradigma. São Paulo: Marco Zero: ILDESFES, FINEP, 1996.

FURTADO, Celso. O mito do desenvolvimento econômico. 3ª Ed. São Paulo: Paz e Terra, 2001.

GADELHA, Carlos Augusto Grabois. Desenvolvimento e política industrial: uma perspectiva neo-schumpeteriana sistêmica e estrutural. Tese (Doutorado em Economia), Instituto de Economia, Universidade Federal do Rio de Janeiro – UFRJ, 1999.

________. Estado e inovação uma perspectiva evolucionista. Revista de Economia Contemporânea, Rio de Janeiro, 6(2): 85-117, jul./dez. 2002

________. Instituições, Estado e mercado no processo do desenvolvimento econômico. Revista de Economia Contemporânea, Rio de Janeiro, 5(1): 49-76, jan./jun. 2001.

GALBRAITH, J. Kenneth. Anatomia do poder. 3 ed. São Paulo: Pioneira, 1996.

GALVÃO, Olímpio J. de Arroxelas. Por uma nova política de desenvolvimento regional: a experiência internacional e lições para o Brasil. Texto para Discussão. Recife: PIMES, 1998.

GARCIAS, Paulo Mello. Mudança institucional e estratégia empresarial no Brasil nos anos 90. ABPHE, 2003.

GOMES, Gustavo Maia. Desenvolvimento e Política Regional na União Europeia. Texto para discussão n. 483. Brasília: IPEA, 1997.

GONÇALVES, Robson R. A política industrial em uma perspectiva de longo prazo. Texto para discussão n. 590. Rio de Janeiro: IPEA, 1998.

GONDIM, Linda M. P. Os "Governos das mudanças" (1987-1994). In: Uma nova história do Ceará. Sousa Simone (Org.). Fortaleza: Edições Demócrito Rocha, 2000.

__________. Os "governos das mudanças" no Ceará: social democracia ou populismo? In: Reforma do Estado e democracia no Brasil: dilemas e perspectivas. DINIZ, Eli; AZEVEDO Sérgio (Org.). Brasília: Editora da Universidade de Brasília, 1997.

GUIMARÃES, Eduardo Augusto. A experiência recente da política industrial no Brasil: uma avaliação. Texto para discussão n. 409. Brasília: IPEA, 1996.

HELMSING, A. H. J. Teorías de desarrollo industrial regional y políticas de segunda y tercera generación. EURE (Santiago), v. 25, n.75, 1999.

HODGSON, Geoffrey. A evolução das instituições: uma agenda para pesquisa teórica futura. **Econômica**, v. 3, n. 1, p. 97-125, junho de 2001.

__________. The approach of institutional economics. Journal of Economics Literature. Vol. XXXVI, March, 1998.

__________. The enforcement of contracts and property rights: constitutive versus epiphenomenal conceptions of law. International. **Review of Sociology**, v. 13, (2), p. 373-89, 2003.

KLINK, Jeroen Johannes. A cidade-região: regionalismo e reestruturação no Grande ABC Paulista. Rio de Janeiro:

DP&A editora, 2001. (Coleção Espaços do Desenvolvimento)

KUPFER, David. Política industrial. Econômica. Rio de Janeiro, v. 5, n. 2, p. 281-303, 2003.

________. Tecnologia e emprego: são realmente antagônicos? IN: SICSÚ, J.; PAULA, L. F. e MICHEL, R. (Org). Desenvolvimentismo: um projeto nacional de crescimento com equidade social. São Paulo: Malone Barueri, 2004.

LAMBOOY, Jam G. e BOSCHMA, Ron A. Evolucionary economics and regional policy. The Annals of Regional Science. Verlag, 2001.

LASMAR, José Osvaldo Guimarães. A descentralização da política industrial: o novo papel dos estados e municípios. In: Mathieu, Hans; OLIVEIRA, Marco Antonio de (Orgs). In: A nova política industrial: o Brasil no novo paradigma. São Paulo: Marco Zero: ILDESFES, FINEP, 1996.

LEMENHE, Maria Auxiliadora. Família, tradição e poder: o(caso) dos coronéis. São Paulo: ANABLUME/Edições UFC, 1995. (Selo Universidade; 44)

LEYS, Colin. A política a serviço do mercado: democracia neoliberal e interesse público. Rio de Janeiro: Record, 2004.

LOPREATO, Francisco Luiz C. A situação financeira dos Estados e a reforma tributária. Texto para Discussão. IE/UNICAMP, n. 115, mar. 2004.

LYRA, Flávio Tavares de. A política industrial brasileira: mudanças e perspectivas. Texto para discussão n. 413. Brasília: IPEA, 1996.

LUIS MÉNDEZ, José. Política industrial subnacional e internacional no estado de Nuevo Leon (México). In: Competitividade e desenvolvimento: atores e instituições locais. GUIMARÃES, Nadya Araújo; MARTIN, Scott (Orgs.). São Paulo: Editora SENAC, 2001.

MALERBA, Franco. Public policy in industrial dynamics: an evolutionary perspective. The paper constitutes a part of ISE Sub-project 3.1.1: 'Systems Theories of Innovation: Policy implications'. Milan, December 1996.

MARTINS, Mônica Dias. Modernização do Estado e reforma agrária. In: A era Jereissati: modernidade e mito. PARENTE, Josênio; ARRUDA, José Maria (Org). Fortaleza: Edições Demócrito Rocha, 2002.

MÉNDEZ, Ricardo. Innovación y desarrollo territorial: algunos debates teóricos recientes. EURE (Santiago) v. 28, n. 84. Santiago 2002.

MENEZES, Ana Maria Ferreira. O processo de descentralização e as contas públicas: um estudo sobre as bases financeiras municipais baianas. Tese (Doutorado em Administração), Universidade Federal da Bahia, UFB, Salvador, 2002.

MONASTERIO, Leonardo Monteiro. Guia para Veblen: um estudo acerca da economia evolucionária. Pelotas: EDUFPEL, 1998.

MONTERO, Alfred P. Elaboração de políticas econômicas em nível subnacional no Brasil: uma colcha de retalhos. In: Transição em fragmentos: desafios da democracia no final do século XX. Alzira Alves Abreu (Org.). Rio de Janeiro: Editora FGV, 2001.

NASSIF, André. Uma contribuição ao debate sobre a nova política industrial brasileira. Revista do BNDES, Rio de Janeiro, 2003.

NELSON, Richard; WINTER, Sidney G. Uma teoria evolucionária da mudança econômica. Campinas, SP: Editora da Unicamp, 2005.

PACHECO, C. A. Novos padrões de localização industrial? Tendências recentes dos indicadores de produção e do investimento industrial. Texto para discussão n. 663. IPEA: Brasília, 1999.

PARENTE, Josênio C. O Ceará e a modernidade. In: A era Jereissati: modernidade e mito. PARENTE, Josênio; ARRUDA, José Maria (Org). Fortaleza: Edições Demócrito Rocha, 2002.

PERIUS, Kátia Cibele Graeff. A concessão de incentivos fiscais estaduais e a nova lei de responsabilidade fiscal no federalismo brasileiro. Dissertação (Mestrado em Ciências Jurídicas), Centro de Ciências Jurídicas, Universidade do Vale do Rio dos Sinos – Unisinos. Rio Grande do Sul, 2002.

PIANCASTELLI, Marcelo e PEROBELLI, Fernando. ICMS: evolução recente e guerra fiscal. Texto para discussão n. 402. Brasília: IPEA, 1996.

PINHEIRO, Armando Castelar; GIAMBIAGI, Fabio e GOSTKORZEWICZ, Joana. O desempenho macroeconômico do Brasil nos anos 90. In: A Economia Brasileira nos Anos 90. BNDES: Rio de Janeiro.

PIRES SOUZA, Fernando J. Transformações políticas e institucionais no Ceará: repercussões nas finanças públicas do estado. In: Encontro Nacional de Economia Política, 10, 2005, Campinas, Anais... São Paulo: SEP, 2005.

POLANYI, Karl. A grande transformação: as origens da nossa época. 2. ed. Rio de Janeiro: Campus, 2000.

PONTES, Paulo Araújo. Política industrial no estado do Ceará: uma análise do FDI-PROVIN,1979-2002. Dissertação (Curso de Pós-Graduação em Economia da Universidade Federal do Ceará – CAEN/UFC), Universidade Federal do Ceará – CAEN, 2003.

POSSAS, Mário L. Competitividade: fatores sistêmicos e política industrial. In: Estratégias empresariais na indústria brasileira: discutindo mudanças. Antonio Castro, Barros de; Possas, Mário L.; Proença, Adriano (Orgs). Rio de Janeiro: Forense Universitária, 1996.

PUTNAM, Robert D. Comunidade e democracia: a experiência da Itália Moderna. 4 ed. Rio de Janeiro: Editora FGV, 2005.

cognitivos e políticos moldando as políticas industriais da Bahia, do Ceará e de Pernambuco. Tese (Doutorado em Engenharia de Produção). Pontifícia Universidade Católica do Rio de Janeiro – PUC, 2004.

RODRIGUES, Denise Andrade. O papel dos governos estaduais na indução do investimento: a experiência dos estados do Ceará, Bahia e Minas Gerais. Revista do BNDES, Rio de Janeiro, v. 7, n. 10, 1998.

__________. Os Investimentos no Brasil nos Anos 90: Cenários Setorial e Regional. Revista do BNDES, Rio de Janeiro, v. 7, n. 13, p. 107-136, jun. 2000.

ROSA SILVA, Isabela Fonte Boa; SAMPAIO DE SOUSA, Maria da Conceição. Determinantes do endividamento dos estados brasileiros: uma análise de dados de painel. Brasília: UNB. Texto para discussão, n. 259, novembro de 2002.

RUA, Maria das Graças e AGUIAR, Alessandra T. a política industrial no Brasil, 1985-1992: políticos, burocratas e interesses organizados no processo de policy-making. Brasília: IPEA, 1992.

SABÓIA, João. Emprego Industrial no Brasil – Situação Atual e Perspectivas para o Futuro.

__________. A dinâmica da descentralização industrial no Brasil. Rio de Janeiro: UFRJ/Instituto de Economia, 2001a.

__________. A indústria de transformação e extrativa mineral na Região Nordeste: um retrato da década de noventa a partir dos dados da RAIS. Fortaleza: Banco do Nordeste, 2001b.

__________. Descentralização industrial no Brasil da década de noventa: um processo dinâmico e diferenciado regionalmente. Nova Economia. Belo Horizonte, v. 11, n. 2, dez. 2001c.

SERRA, José e AFONSO, José Roberto Rodrigues. O federalismo fiscal à brasileira: algumas reflexões. Versão revista e atualizada de "paper" apresentado no Forum of Federations – International Conference on Federalism, em sessão plenária do tema "New Economic and Fiscal Federalism". Mont-Tremblant, Canadá, 1999.

SILVA, Carla M. Souza e. Política de Desenvolvimento Regional na União Europeia: O que Podemos Aprender?

Revista do BNDES, rio de janeiro, v. 7, n. 14, p. 125-144, dez. 2000.

SOLA, Lourdes. Idéias econômicas, decisões políticas: desenvolvimento, estabilidade e populismo. São Paulo: FAPESP, 1998.

SOUZA, Celina. Federalismo e intermediação de interesses regionais nas políticas públicas brasileiras. Seminário Internacional sobre Reestruturação e Reforma do Estado: Brasil e América Latina no Processo de Globalização. São Paulo, 1998.

STRACHMAN, Eduardo. As relações entre instituições e políticas industriais. **Ensaios FEE**, Porto Alegre, v. 23, n. 1, p. 107-134, 2002.

______. Política Industrial e Instituições. Tese, 2000 (Doutorado em Economia), Instituto de Economia, Universidade Estadual de Campinas – Unicamp, 2000.

SUZIGAN, Wilson; VILLELA, Annibal. V. Industrial policy in Brazil. São Paulo: Unicamp.IE, 1997.

TENDLER, Judith. The economic wars between the states. Massachusetts Institute of Technology, 2000.

______. Bom governo nos trópicos: uma visão crítica. Rio de Janeiro: Revan, Brasília, DF: ENAP, 1998.

VARSANO, Ricardo. A guerra fiscal do ICMS: quem ganha e quem perde? Texto para discussão n. 500. Brasília: IPEA, 1996.

______. Reforma tributária e guerra fiscal na federação brasileira. Relatório CAT n. 5, setembro de 2001.

VASCONCELOS, José Romeu de. Ceará, Pernambuco, Paraná e Rio Grande do Sul: economia, finanças públicas e investimentos nos anos de 1986 a 1996. Texto para discussão n. 626. 1999.

________; ALMEIDA, Manoel Bosco de; SILVA, Almir Bittencourt da. Ceará: economia, finanças públicas e investimentos nos anos de 1986 a 1996. Texto para discussão n. 627. Brasília: IPEA, 1999.

VELASCO e CRUZ, Sebastião C. Estado e economia em tempo de crise: política industrial e transição política no Brasil dos anos 80. Rio de Janeiro: Relume Dumará; Campinas, SP: Editora da Universidade de Campinas, 1997.

________. Globalização Democracia e ordem internacional: ensaios de teoria e história. Campinas: UNESP/UNICAMP, 2004.

VILLELA, Annibal V. e SUZIGAN, Wilson. Elementos para discussão de uma política industrial para o Brasil. Texto para discussão n. 421. Brasília: IPEA, 1996.

VIOL, Andréa Lemgruber. O fenômeno da competição tributária: aspectos teóricos e uma análise do caso brasileiro. Brasília: ESAF, 1999. 79 p. Monografia vencedora em 1º Lugar no IV Prêmio de Monografia - Tesouro Nacional, Tópicos Especiais de Finanças Públicas, Brasília (DF), 1999.

WILLIAMSON, O. Markets and Hierarchies. New York: The Free Press, 1975.

WOO-CUMINGS, Meredith. Introducion: Chalmers Johnson and the politics of nationalism and development. In: The developmental state. Edited by Meredith Woo-Cumings. Cornell Parerbacks: New York, 1999.

Notas

---

[1] Discorrendo sobre a importância do Estado, Strachman (2000, p. 145), enfatiza: "[...] deve-se perceber que este [o Estado] é igualmente uma instituição e uma organização, a qual, por sua vez, é constituída por inúmeras outras instituições e organizações. Destarte, o Estado pode ser visto, de forma semelhante a outras organizações e à ação recíproca que se dá entre estas, pois é constituído por um conjunto de organizações - e, logicamente, por instituições - que interagem. A diferença, para com a maioria das outras organizações, é seu poder para estabelecer as regras de atuação de determinadas organizações, seja para seu funcionamento interno, seja para suas atividades junto a outras organizações, ou no que diz respeito ao público como um todo, e isto nos mais diversos campos organizacionais, mesmo quando não é um participante direto deles. Vale dizer, o Estado lato sensu (as várias instâncias do poder executivo, i.e., governos federal, estadual, etc. e/ou seus organismos, ministérios, fundações, empresas e/ou o poder legislativo ou judiciário) tem capacidade de atuação sobre vários campos organizacionais - no limite sobre todos - por meio de regulamentação, além da ação direta que também pode exercer sobre vários destes campos."

[2] Grifo do autor.

[3] "[...] Individual property, therefore, is not a purely individual matter. It is not simply a relation between an individual and an object. It requires some kind of customary and legal apparatus of recognition, adjudication and enforcement. Such legal systems made their first substantial appearance within the state apparatuses of ancient civilization. Since then the state has played a major role in the establishment, enforcement and adjudication of property rights" (Hodgson 2003, p. 380). "[...] A propriedade individual, portanto, não é uma questão puramente individual. Não é simplesmente uma relação entre um indivíduo e um objeto. Requer algum tipo de aparato consuetudinário e legal de reconhecimento, adjudicação e execução. Esses sistemas jurídicos fizeram sua primeira aparição substancial nos aparatos de Estado da civilização antiga. Desde então, o Estado tem

desempenhado um papel importante no estabelecimento, execução e adjudicação de direitos de propriedade" [Tradução livre].

[4] "O que a tradição comparativa institucional tem a oferecer é a identificação de alguns papéis que o Estado pode vir a desempenhar caso o processo de transformação econômica siga adiante, e algumas sugestões sobre que tipos de características institucionais podem ser necessárias para que o Estado tenha chance de representar esses papéis" (EVANS, 1998, p. 66).

[5] Segundo Evans (1998, p.51), "[...] os enfoques "neo-utilitaristas" [...] partem da premissa de que todas as instituições, incluindo o Estado, podem ser conceitualizadas como simples agregação do auto-interesse individual [...] No entanto, os esforços para adotar a lógica "neo-utilitarista" a fim de compreender e prever o comportamento das organizações governamentais têm se mostrado insatisfatórios, tanto do ponto de vista teórico quanto prático. Até mesmo as instituições oficiais de desenvolvimento, como o Banco Mundial, têm sido levadas a adotar um enfoque mais institucional comparativo."

[6] Contudo, a visão oposta também não é aceitável. Isto é, a crença cega de que o Estado seja a solução ao problema do subdesenvolvimento. Ou como Evans (1998, p. 53), do "estatismo", entendido como uma fé utópica na beneficência e na eficácia do Estado. E continua: "[...] Reviver uma crença cega no Estado como uma solução ao problema do subdesenvolvimento não é nem possível nem desejável. O estatismo ingênuo era, em síntese, uma crença baseada em uma série de premissas duvidosas. A capacidade de alocação de recursos que os Estados precisariam ter para realizar essa visão, assim como a independência que seria necessária para sustentar os interesses meramente paroquiais, era implausível. Os Estados podem algumas vezes agir em prol dos objetivos do desenvolvimento, mas eles serão sempre instrumentos imperfeitos."

[7] Evans (1998, p. 53), acrescenta: "Uma variedade de percepções contemporâneas deve ser adicionada a esses trabalhos pioneiros, inclusive insights oferecidos por revisores da teoria neo-utilitarista. O trabalho estimulado pelo extraordinário sucesso desenvolvimentista dos "NICs" da Ásia Oriental foi especialmente importante para a atual retomada das perspectivas institucionalistas. Amsden (1989) e Wade (1990) são excelentes exemplos. Uma combinação sintética de pesquisa recente com os sólidos conhecimentos adquiridos em

trabalhos passados pode fornecer a base para uma abordagem institucional comparativa de grande promessa heurística."

[8] "[...] por exemplo, os economistas neoclássicos podem estar fazendo pesquisas nas universidades que recomendem rigorosas medidas antitruste, mas nem por isso os agentes políticos deixarão de justificar sua frouxa postura antitruste nos termos de qualquer outra lógica que não cabe na economia neoclássica – digamos, citando a necessidade de "não desestimular o espírito empreendedor" (CHANG, 2002, p. 103).

[9] Willianson (1975, p. 20).

[10] Chang (2002, p. 112)

[11] Chang (2002, p. 113) citando Polanyi (1957), o "[...] caminho para o mercado livre foi aberto e mantido aberto por um crescimento enorme do intervencionismo contínuo, centralmente organizado e controlado."

[12] "Admito que este artigo é apenas o primeiro passo no caminho potencialmente longo e laborioso da economia política institucionalista plenamente florescida, sobretudo porque ainda não se desenvolveu cabalmente o amplo arcabouço institucionalista que apoiará tal abordagem. Contudo, espero que o artigo tenha o útil papel de propor uma nova agenda de pesquisa que nos permita quebrar o molde do atual debate a respeito do papel do Estado estabelecido pelo muito poderoso e informativo, mas fundamentalmente falho e desnorteante, discurso do neoliberalismo" (CHANG, 2002, p. 130).

[13] A vertente neoclássica mais sofisticada, conhecida como a teoria do *rent seeking*, afirma que a ação do Estado na concessão de direitos de propriedade possui efeitos nocivos do ponto de vista da eficiência econômica ao estimular o desperdício de recursos escassos. No entanto, como afirma Fiani (2003), a defesa de políticas públicas, notadamente em favor da desregulação econômica, por parte desta teoria, se mostra inadequada por duas razões: indeterminação desses modelos e conclusões que não possuem um caráter geral. Pois, "[...] a teoria de *rent seeking* admite um conjunto muito particular de direitos de propriedade: os direitos de natureza monopólica ou que implicam em restrições comerciais, ignorando outros direitos concedidos pelo Estado, que implicam na proteção às rendas geradas por inovações de produtos e de processos, ou na racionalização econômica dos recursos

em *commom pool*" (FIANI, 2003, p. 19).

[14] Cui (2002, p. 257).

[15] Cui (2002, p. 257-58), citando Roy (1997). O autor se utiliza de vários exemplos para justificar o seu argumento, como os casos da China, EUA e Reino Unido.

[16] Referenciando novamente Roy (1997), Cui (2002, p. 261), destaca: "o ano em que se fundou a bolsa de valores de Nova York foi o mesmo em que o Canal Erie lá desencadeou uma verdadeira "mania de canal", que levou o Estado e os governos locais a construírem canais, agressivamente, entre quase todos os cursos de água a distâncias impressionantes. Por exemplo, entre 1817 e 1825, Nova York emitiu 7 milhões de dólares em que foram vendidos por agentes e comprados por indivíduos e cidadezinhas próximas do canal, por bancos e investidores estrangeiros [...]".

[17] "A estabilidade ou força dos Estados designa a capacidade dos detentores de cargos no governo e de seus apoiadores de formular e implementar regras e políticas que não se limitem a meramente reproduzir as práticas sociais correntes ou a confirmar a existente distribuição de vantagens entre os segmentos sociais" (ROY, 1987 *apud* CUI, 2000, p. 270).

[18] "Para sermos tão sintéticos quanto possível: *não se trata apenas de discutir a presença de instituições, mas, fundamentalmente, a existência de isomorfismo e/ou congruência entre elas. Definiremos isomorfismo institucional como a existência de compatibilidade entre os princípios de funcionamento de um conjunto de instituições, de modo a configurar um resultado sistêmico, isto é, internamente coerente (cf. DiMaggio e Powell eds, 1991, os. 67-77). Quanto à congruência institucional, iremos utilizar o termo para definir constelações ou arquiteturas institucionais cujos objetivos apontam para a mesma direção*" (BURLAMAQUI & FAGUNDES, 1996, p. 157).

[19] Gadelha (2002, p. 88).

[20] Gadelha (2002, p. 93).

[21] Para uma análise de cada um destes itens, ver Gadelha (1999; 2002).

[22] Evans (1998, p. 77 e 78).

[23] Strachman (2000, p. 45).

[24] Grifo do autor.

[25] Para uma análise das inconsistências lógicas da TEG e da TCNI, ver o primeiro capítulo de Strachman (2000).

[26] Grifo do autor.

[27] Os autores referenciados aqui, além do próprio Strachman (2000 e 2002), que procuraram partindo de pressupostos heterodoxos fornecer uma fundamentação teórica para a política industrial, são: Chang (1994), Suzigan e Villela (1997), Possas (1996), Burlamaqui (1995), Burlamaqui e Fagundes (1996), Conceição (2001), Gadelha (1999), Rocha (2004), Baptista (2000).

[28] Possas, 1996, p. 75.

[29] No primeiro grupo Suzigan e Villela (1997), incluem os seguintes autores: Chang (1994); Itoh et al. (1991) e Krugman (1993). No segundo grupo estão Johnson (1984); Corden (1980) e Adams e Bollino (1983). "Em primeiro lugar, aqueles que veem a política industrial em sentido estrito, como medidas de política orientadas para o mercado para corrigir suas falhas, ou para melhorar as operações de mercado e, em segundo lugar, aqueles que definem a política industrial em sentido amplo, incluindo não apenas medidas de política específicas do setor, mas também outras medidas de política mais gerais (macroeconômicas e outras), que afetam o desempenho industrial (crescimento, produtividade e competitividade)" [Tradução livre].

[30] Para uma visão mais ampla de tipologias de desenvolvimento industrial (agenda neo-liberal radical, neo-liberal reformista, neo-desenvolvimentista e social-democráta), ver Erber e Cassiolato, 1997.

[31] "A caracterização da abordagem neoclássica aqui apresentada é reconhecidamente estereotipada demais. Não leva em consideração as contribuições recentes das chamadas "novas teorias do crescimento endógeno", nas quais são introduzidas a análise dinâmica e a apropriabilidade parcial do conhecimento. No entanto, deve-se notar que este estereótipo neoclássico ainda é representativo do estado da arte atual no que diz respeito à literatura sobre política industrial" [Tradução livre].

[32] Suzigan e Villela (1997, p. 23). "A competição é o processo básico, o mercado é o *locus* da competição e o veículo das mudanças técnico-econômicas, e a empresa é o principal agente" [Tradução livre].

[33] Conforme Johnson (1984), apud Strachman (2000, p. 68), "poder-se-ia dizer que as políticas industriais são, juntamente com as políticas fiscal, monetária e cambial, ou seja, com o que é conhecido como política econômica, o quarto braço das políticas públicas, as quais deveriam incluir, da mesma forma, as políticas agrícolas (ou para a agropecuária) e as políticas sociais, vale dizer, um quinto e um sexto componentes".

[34] Grifo dos autores.

[35] O estabelecimento das diretrizes da política industrial está no cerne do esquema. Essas diretrizes são essenciais para a coordenação política e econômica das políticas governamentais e dessas políticas com as estratégias das empresas e a participação dos trabalhadores. A organização institucional desempenha um papel fundamental na formulação de diretrizes e programas ou medidas específicas, bem como na implementação de políticas [Tradução livre].

[36] Isto porque, o autor, trata de diferenciar também a política industrial pelo lado da demanda e da oferta. "[...] alguns autores postulam que as políticas industriais devem atuar essencialmente sobre o 'lado da oferta' – por exemplo, sobre a mudança das funções de produção e/ou da composição dos fatores de produção utilizados como insumos – apesar de reconhecerem o importante papel representado pelas políticas que agem sobre o 'lado da demanda', as quais atingem indiretamente o 'lado da oferta' (Adams & Bollino,1983:13-14; Johnson,1984a:11;1984b). Já outros autores apontam explicitamente para a importância das políticas industriais que agem também sobre o 'lado da demanda'" (STRACHMAN, 2000, p. 66).

[37] "Há ainda aqueles que postulam que as políticas industriais devam ser fundamentalmente antecipatórias, ou seja, bastante mais intrusivas do que as políticas meramente reativas, devendo ser também, por conseguinte, abrangentes e integradas entre si, objetivando a transformação estrutural e procurando agir com antecedência ao surgimento de problemas decorrentes de certos desenvolvimentos setoriais, econômicos, sociais, etc. Portanto, tais políticas industriais antecipatórias colocam-se em oposição às políticas industriais reativas, aquelas direcionadas aos setores industriais em declínio ou

com problemas" (STRACHMAN, 2000, p. 64).

[38] Para uma apreciação da evolução das políticas industriais do pós-guerra até as políticas de competitividade praticadas nos países da OCDE, ver Erber e Cassiolato (1997).

[39] Para a análise de cada uma destas formas, ver Menezes (2002).

[40] "[...] Diante da incapacidade de articular, técnica e politicamente, os atores relevantes para a definição e execução de novas estratégias industriais, o Estado brasileiro se conforma, progressivamente, a um padrão neoliberal de atuação segundo o qual a política industrial é substituída por algo que, genericamente, é possível descrever como um conjunto de "orientações nacionais" (LASMAR, 1996, p. 160-161).

[41] No entanto, a questão da descentralização/desconcentração industrial no Brasil nos anos 1990, não há consenso entre os especialistas, havendo posições divergentes nos autores que discutem o assunto: Andrade e Serra (1999), Bonelli (1999), Cano (1997), Diniz (1999), Diniz e Crocco (1996), Pacheco (1999), Azevedo e Toneto Júnior, Bonelli (2000) e Sabóia (2000 e 2001), entre outros.

[42] Esse conteúdo faz parte de um artigo apresentado no Encontro Regional de Economia do Banco do Nordeste, em 2010, elaborado em parceria com o professor Francisco do O' de Lima Júnior, também do Departamento de Economia da Universidade Regional do Cariri (URCA).

[43] Essas transformações foram devidamente registradas em todos os seus aspectos de natureza histórica, política, econômica, social, fiscal e institucional. Dentre os autores que abordaram esses temas, destacam-se: Bonfim (1999; 2002); Lemenhe (1995); Abu-El-Hay (1997;2002); Parente (2002); Vasconcelos (1999); Vasconcelos, Almeida e Silva (1999); Coimbra (1998); Pires Souza (2005), Gondim (1997, 2000); Martins (2002); Farias (1997 e 2002); Costa (2000); entre outros.

[44] O CIC, foi fundado, em 1919, com o objetivo de tratar de assuntos de interesse comuns aos industriais e estudar possibilidades de novos empreendimentos. Entretanto, entrou em decadência devido ao aparecimento de outras organizações representativas como a Federação das Associações de Comércio e Indústria do Ceará e a Federação das Indústrias do Estado do Ceará (FIEC) em 1950. O

presidente desta última entidade passou a acumular automaticamente a presidência do CIC. Processo que durou até 1978, quando um grupo de "jovens empresários" assumiu o controle do CIC e implantou sua autonomia em relação a FIEC. A partir de então o CIC entrou em nova fase, mobilizando o empresariado e tendo notável presença na vida pública, pelo menos até a eleição de um de seus membros para governador do estado (FARIAS, 1997).

[45] Em termos de Brasil, Diniz (2004), destaca que embora os empresários tenham desempenhado um papel importante no processo de redemocratização não desenvolveram a capacidade de liderar o processo de mudança que ocorreria a partir da deflagração desse momento. De forma geral, não foram capazes de participar e ter voz ativa na formulação de uma nova concepção de desenvolvimento. O que se observou na verdade foi um descompasso entre a adesão ideológica ao neoliberalismo e um padrão de comportamento pautado pela prevalência de práticas corporativas.

[46] Uma análise sucinta do Artigo 34 do Decreto Lei n⁰ 3995 de dezembro de 1961 e das emendas introduzidas pelo Artigo 18 do Decreto Lei n⁰ 4239 d junho de 1963, como um dos instrumentos mais destacados de ação para promover o processo de industrialização do Nordeste, pode ser encontrada em Abu-El-Haj (1997).

[47] Uma visão mais aprofundada sobre todos os planos de governo do Ceará, ver Pontes (2003).

[48] Para uma análise aprofundada do papel da CODEC na industrialização do Ceará, ver Ewbank Rocha (1991).

[49] O FDI foi criado no mês de dezembro de 1979, no governo Virgílio Távora, pela lei 10.367, e provia o estado de uma regulamentação e incentivos para atração de investimentos industriais.

[50] Dados da RAIS.

[51] Pontes (2003).

[52] Pontes (2003, p. 157).

[53] Muito embora, apesar de toda a preocupação e utilização de mecanismos para desconcentração da atividade produtiva, o Ceará tenha conseguido pouco avanço relativo nesse aspecto. O que revela que a desconcentração é um problema de grande complexidade, está presente e é resistente, mesmo e um nível espacial mais reduzido, o

estadual.